U0931015

会说话才能把事办漂亮

刘少影◎编著

天津出版传媒集团
天津人民出版社

图书在版编目（CIP）数据

会说话才能把事办漂亮 / 刘少影编著 . -- 天津：天津人民出版社，2020.1

ISBN 978-7-201-15784-9

Ⅰ . ①会… Ⅱ . ①刘… Ⅲ . ①语言艺术—通俗读物 Ⅳ . ① H019-49

中国版本图书馆 CIP 数据核字 (2020) 第 004369 号

会说话才能把事办漂亮

HUI SHUOHUA CAINENG BA SHI BAN PIAOLIANG

出　　版　天津人民出版社
出 版 人　刘　庆
地　　址　天津市和平区西康路 35 号康岳大厦
邮政编码　300051
邮购电话　022-23332469
网　　址　http: //www.tjrmcbs.com
电子信箱　reader@tjrmcbs.com

责任编辑　刘子伯
装帧设计　那维俊

制版印刷　三河市恒升印装有限公司
经　　销　全国新华书店

开　　本　710 × 1000　　1/16
印　　张　16
字　　数　200 千字
版次印次　2020 年 1 月第 1 版　2020 年 1 月第 1 次印刷
定　　价　39.80 元

目 录

Contents

第一章 良好的交谈需要“硬通货”来支撑

第二章 成功的沟通都是从“先读心”展开的

第三章 高情商的人一句话就能说到对方心坎里

第四章 最好的交谈，是能够化解“行动的障碍”

第五章 诱导和启发式的交谈，引发共同的思考

第六章 用有温度的辩论，创造皆大欢喜的局面

第七章 不打无准备的"战役"，你准备到位了吗

第八章 没有成功说服是因为方式用错了

第九章　懂点儿说服技巧，把话说到对方心窝里

第十章　使用多样说服手段，化身超级说服大师

第十一章　突出“软实力”，让说服语言更有感染力

第十二章 提升口才表达力，在情理之中突显说服力

第十三章 高情商的人说话都让人舒服

第十四章 说话不怯场，和谁都能聊得尽兴

第一章

良好的交谈需要“硬通货”来支撑

言之有物才能激发听者继续听下去的欲望

在人际交往中，我们可能会经常觉得自己或别人说话缺乏内容，显得空洞，不容易记住，一说完就忘了。为什么呢？问题就是“言之无物”，说的内容干巴巴的，没有实质性的东西，让人听起来困顿乏味，不知所云。

为什么有人会在交谈、交谈时出现言之无物的情况呢？究其原因，就在于说话者没有很好地理解自己所说的内容。你自己都不知道为什么要说这些话，又怎么能期待别人愿意听，并能与你就此畅谈呢？

要解决这个问题也不难，简单地说就是平时多丰富自己的知识，将各种知识转化为自己的“谈资”。如果是正式的社交场合，还要事先有所准备，将自己要讲的问题弄清楚、弄透彻，这样才能在交谈或讲话时做到言之有物、有的放矢。

即使是几个朋友之间最平常的闲聊，大家也都希望能从中听到一些有意思、有“聊头”的事。如果是“级别”稍高点的社交场合，那么参与者更希望通过交谈获取知识、拓宽视野、增长见识、提高水平。所谓空谈误国，空话连篇是言之有物的大忌。所以，交谈也应该有内容、有观点、有思想、有内涵，而不是空洞无物、废话连篇。如果你用这样的态度去与大家交谈，相信没人会欢迎你。

没有材料作为根据，没有事实作为依托，你就是有再动听的语言，听起来都是苍白、乏味的。所以，我们想与人顺畅地交谈，就必须有真正的“谈资”，有“硬货”，这样才有人愿意听，同时也愿意与你进行更深入的交流。

（1）“5W”公式，让你的交谈内容充满生气和活力

要想让自己在谈话或交谈时“言之有物”，语言内容充实，我们需要记住下面的“5W”公式，经常运用，有助于你增加谈资，语言充满生气和活力。

“5W”具体都包括什么呢?

◆ When:什么时间。可以是实指时间,如年月日,也可以是虚指时间,如现在、此时、昨天、我小时候、毕业期间、前不久等又如很久以前、从前、古代、有一天等。

◆ Where:什么地点。可以是具体地点,也可以是大的区域,如国家、省份、地区,还可以是某个点,如房间、办公室、会议室等。

◆ Who:什么人(物)。可以指人、物、神、某个东西或某个特定对象等。

◆ What:什么事。也就是具体发生的事件、情节等。

◆ Why:为什么。事情发生的原因,以及产生了什么样的结果等。

充分运用好这个公式,就能让我们在谈天说地时显得有声有色,大大提高我们的表达能力。

(2)巧妇难为无米之炊,多积累素材,才能更有谈资

也许你认为会交谈的人是天生口才好,口齿伶俐,所以才会说什么都动听。其实你的这种看法是片面的、肤浅的。因为口才好、会交谈、交谈内容丰富的人实际是建立在他们善于思考、善于观察、兴趣广泛、常识丰富的基础上的。他们会不断地扩充自己的兴趣面,积累各方面的知识,这样在用时才会信手拈来,出口成章。

著名剧作家曹禺先生曾说,哪一天我们对语言着了魔,那才算是进了大门,以后才有可能登堂入室,成为语言方面的富翁。所以,你要想在聊天或其他形式的交谈中做到出口成章、言之有物,也需要在平时下些功夫才行。

(3)多动嘴、多动手、多动脑,才能练就超群谈吐

要拥有好的口才,让自己在交谈时言之有物,就必须借助日常会话来锻炼口才,并用心学习有风度、不做作的说话方式。

同时,你还需要多读一些大家、名家所写的书,并多注意其中一些词语的使用方法,边看还要边思考:怎么才会表现得更好?如果自己在交谈时使用这些语言,有哪些地方需要改动?在什么场合使用这些语言更为妥善?

描写同样的事情,因作者不同,其表现方式也会有所差异,而读者对其的理解也同样有差异。诸如此类的问题,阅读时最好都注意到。无论多么精彩的内容,如果言辞的使用方法很奇怪，或文章本身缺乏风格，或文体和主题不相称，都会令听者觉得扫兴。

（4）交谈不但要“有物”，还要“有序”

卡耐基在《语言的突破》中曾说过这样一段话：“如果一位演说者从一个问题跳到另一个问题，然后又回过头来再谈一遍，就像一只蝙蝠在夜色中那般飞翔不定，还有什么比这种演说更令人感到困惑及糊涂的呢？”

我们常常强调说话要“言之有物”，不能说空话、大话、没用的话，但同时也要注意“有序”，要按照一定的顺序把自己想说的话说出来，语言要层层陈述，清晰有力。如果你胸中空有“物”，说出来却是颠三倒四、七拼八凑，东一句西一句，那么别人很难听懂你说什么，也不知道你重点要表达什么。

说话有序，语句间就会显得衔接紧密，语言才能连贯。我们可以通过连接词的运用来达到言之有序的目的。例如，在说话时，不要想说什么就说什么，可以先想好自己说话的主题，然后按照开始、高潮、结束的顺序，一步一步地讲下去；或利用首先、其次、然后、最后等一些连接词，将你要说的内容连接起来。这样，你说出来的话才能避免多而乱，让听者听起来更清晰、更好理解。

另外，你说出来的话还应该主次分明，要善于围绕一个主题，不能东拉西扯、信口开河。主要的内容就详细讲，次要的就略讲一点；主要的先讲，次要的放在后面讲，这样才不至于让你的话显得杂乱无章。

渊博的学识有助于你在不同的场合侃侃而谈

一个胸无点墨的人，是不能做到在交谈中应对自如、侃侃而谈的。“工欲善其事，必先利其器。”这是一句非常实用的老话，想和任何人都能愉快、顺畅地聊天，就必须具备广博的知识。书本是增长知识的重要工具，即使最伟大的口才家，也需要借助阅读来丰富自己的谈话内容。

“熟读唐诗三百首，不会作诗也会吟。”在与人交谈时，如果你能拥有渊博的学识和丰富的历史知识，那对你来说简直就是“如虎添翼”。渊博的学识有助于你在不同的场合，对于不同的话题都能参与其中，真正做到在交谈中“如鱼得水”。这不但能增加你的言谈魅力，同时还能博得他人的青睐。

某地有一家美容院，生意兴隆为当地之冠。在讲述经营之道时，店主坦承，是由于美容师在工作时善于与顾客攀谈聊天之故。如何才能让员工善于说话呢？原来店主规定，每位职员每天早上开始工作前，都一定要阅读报纸杂志，这成为该美容院的一项日常功课。通过阅读，店员自然能找到与顾客谈话的资料，博得顾客的欢心。

可见，阅读在提升你的修养的同时，也让你不断积累谈话的素材，是丰富谈资的好方法。那么，如何才能让自己拥有渊博的学识，并将这些学识运用到谈话当中去，使得自己的说话水平得到提高呢？

（1）多读史书，做个言谈中的历史通

在谈天说地中，大家有时免不了要谈古论今。如果你的历史知识足够丰富，对大家谈论的话题能接上话，甚至能发表自己的一些独到观点，那么你也一定会让大家刮目相看，大家也愿意与你探讨一些历史话题。

要做到这一点，你就要在平时的生活中多下些功夫，多看一些史书、诗书等。例如，中国的四大名著《红楼梦》《水浒传》《三国演义》和《西游记》，可谓是我国历史上的经典之作。尤其是《水浒传》和《三国演义》，建议你仔细阅读。

除此之外，《史记》《战国策》《资治通鉴》《三国志》《汉书》《后汉书》以及唐诗宋词等，也都很值得一看。这些书中的任何一本，只要你细心阅读过，都能有很大的收获。

“穷书万卷常暗涌”，吟咏其中，则可心领神会，产生强烈的趣味。熟悉语言的精妙之处，便会唤起灵敏的感觉；熟悉名著佳作的精彩妙笔，便能获得丰富的词汇。这样自己在谈话时，优美的语言也会不招自来。

（2）对一些外国名著也要适当涉猎，它们同样可以成为你的谈资

一些国外的名著，如《苏菲的世界》《飘》《简·爱》《茶花女》等，你若仔细阅读，便能增长智慧、开阔视野。再如《世界美术名作二十讲》《随想录》《外国古建筑二十讲》《雪莱抒情诗选》《草叶集》《西方艺术的故事》等，认真阅读研究，往往也能从中学到许多新知识。

在阅读时，最好养成摘录的习惯，把其中的好句、让自己心动的话语等，摘抄在卡片或日记上。每天坚持这样做，哪怕一天只记一两句，积少成多，也是很有意义的。这样日积月累，在谈话聊天时，它们就会随时随地从你的头脑中冒出来，让你尽情谈吐。

（3）多积累生活知识，对事情能有自己的见解

渊博的学识大都来源于书本和生活两个方面。除了书本上的知识外，生活中的知识也相当重要。不论是本国的习俗，还是其他国家的惯例，以及世界上各个国家之间通用的规则等，都要学习涉猎。只有这样，你才能在社交中拥有超凡的谈吐，并有源源不断的话题和应对他人话题的素材。

当然，即便你学富五车，也不能时时处处都生搬硬套，太过于教条，而是要根据具体情况对其加以思考和引申。一个人的博学，并不完全在于知晓天下之事，还在于对天下事有自己的理解和看法。

善于观察生活、感悟生活让你的交谈更贴人心

人的一生是有许多阶段的，如纯真无邪的少年时代，激情如火的青春岁月，厚重沉稳的中年时期，从容淡定的人生暮年。每一个时期，都是一处独特的风景，每段岁月也都会让我们产生不同的感受，并成为我们人生的资本，成为我们说话谈天的素材。

生活就像江河一样奔流不息，又像大海一样浩瀚深邃，变幻莫测。因此，我们要善于观察生活、感悟生活；记住人生中的每一次感动，记住生活中的每一次感激，记住生活中的每一次感恩。这些发生在你身上的故事，都可以充实你的口才资本。

在一次旅游中，旅游车行驶到了一段坑坑洼洼的道路上，车上的游客纷纷抱怨。这时，导游微笑着说："现在请大家一定要身心放松，因为我们的旅游车正在为大家做全身按摩，按摩时间大约为 10 分钟，不另收费哦！"旅客们一听，都笑了起来，抱怨一下子烟消云散了。

后来，因天气原因，旅客乘坐的飞机改了航班，大家都很扫兴。这时导游又安抚游客说："这样一来，咱们刚好可以利用这个机会去苏州，大家的行程就又增加了一座美丽的城市，在您的相册上和记忆中还可以留下'东方威尼斯'的丽影。"此话一出，大家的兴致立刻高涨起来。

俗话说："处处留心皆学问。"只要你做个生活中的有心人，多观察生活，多留心身边人的说话方式和技巧，并加以学习，你就会有很多重大的发现和可喜的收获，从而慢慢变成一个聊天高手。

（1）练就一双善于观察、发现的慧眼

我们每个人都生活在真实的空间中，每天也都会遇到很多陌生的人、陌生的

事。“太阳每一天都是新的”，只要善于观察，你就能经常在生活中发现有趣的人、有趣的事，从一些细小的地方、平常的事情中获取口才的技巧。

“美是到处都有的，对于我们的眼睛，不是缺少美，而是缺少发现美”，所以，不一定非等到有大事发生时才能有所感受，一个自然的景象，一件细微的小事，一个小小的微笑，一丝淡淡的心绪，都能引起我们的某种感受，这些也都能成为我们谈论的契机和切入点。

（2）培养一颗多愁善感、敏锐善思的慧心

在生活当中，我们不仅要善于观察，还要善于从生活中所遇、所见、所闻及所做的事情中得到启示，有所感受，有所发现，并认真思考，这样才能打开自己的思路，打开话语的闸门。“用心感受，生活本来有滋有味。”要想体会出生活的滋味，丰富你的谈资，就必须有一颗多愁善感、敏锐善思的慧心。因此，我们要主动将自己置身于生活的洪流中，做生活中的有心人，事事关心，时时在意。一个内心情感世界非常丰富的人，也定然能成为随时随地都有“资”可聊的人。

（3）加强自身的道德修养

在当今社会，我们要努力加强自己的道德修养，培养自己的高尚人格，认真地对待生活，对社会充满责任感。只有道德思想高尚的人，才能对生活、对人生有积极向上的态度和感悟。

一个人如果文化修养好，道德修养高，对各种事物都有所了解和掌握，再加上语言方式灵活，词汇丰富，那么他讲起话来也一定能信手拈来，得心应手，与别人聊天谈论时也能游刃有余，同时还能将自己积极的生活态度传达给他人，感染他人，获得他人的认同。

（4）多向知识渊博、口才好的人请教，多倾听别人的谈话

英国诗人雪莱说过：“我们学得越多，就越发现自己的无知。”你要想提高自己的口才，就必须放下架子，丢掉面子，向知识渊博和口才好的人多学习、多请教，这样才能让自己的口才能力突飞猛进，收到事半功倍的效果。

在多向会说话的人学习请教的同时，你还要多去倾听别人的话语。西方有句谚语说：“上帝之所以给人一张嘴两只耳朵，就是要人多听少说。”多听，才是最有收获的，它不仅能让你丰富自己的内在知识，还能让你学习别人的长处，用自信与谦和的心态去面对自己的每一次社交，即使自己做得不够好，只要努力，假以时日，你也能成为一名说话和沟通的高手，为自己的事业和生活带来很多帮助和快乐。

与口才好的人多交往，你将更会交谈

相信你在很多场合都能听到这样一句话：要成为什么样的人，就要跟什么样的人在一起。同样，如果你想成为一个口才好的聊天高手，当然最好能跟口才好的人多交往。

为什么这么说呢？因为不同的人生活在不同的圈子中，每个人自然也就有一些特长和爱好不同的朋友、同事等。例如，在企业老板的周围通常会聚集许多老板、高管；在搞营销的人周围则聚集着相当一部分的营销人；在娱乐圈的人周围，同样有很多都是娱乐圈的人。现在很多教人赚钱的人，也都会传播这样一句话：想成为百万富翁，就要跟百万富翁多交往；而要成为亿万富翁，就要和亿万富翁多交往。

英国戏剧大师萧伯纳的口才是有口皆碑的。但是，萧伯纳年轻时却胆小木讷，拜访朋友时都不敢敲门，常常“在门口徘徊 20 多分钟”，怯于开口。后来，他鼓起勇气参加了“辩论学会”，经常与那里的辩手打交道，而且不放过任何一次机会与对手争辩。他练习胆量，练习语言，练习机智，千锤百炼后终于成了演讲大师。他的演说，他的妙对，传诵至今。

同样的道理，你想成为口才大师，想让自己在任何场合下都能出口成章，那么自然也要多与口才好的人交往。在他们的耳濡目染之下，你也能很快学到他们身上那些好的交谈方法、技巧、语气、态度等，渐渐为自己所用。

（1）扩大自己的交往圈，多注意观察那些口才好的人如何表达自己的观点

要想知道那些口才好的人都是如何表达自己的，从现在开始，你就努力扩大自己的交往圈，多争取与那些口才好的人接触的机会。

当他们在交谈或聊天时，如果你没有谈资或者不知道怎样开口，一个最好的办法可以让你马上融入他们的谈话当中，那就是倾听。在倾听时，你的眼睛和大脑都要运转起来，看对方是如何表达他们的观点的，他们在说某些话时用了哪些手势，表情是什么样的，等等。同时，你的大脑也要快速运转，从对方的语言中提炼出有价值的信息，弄清楚对方所说的哪些话是吸引你的，为什么会吸引你？下次你在说同样的话题时，能否像他那样说得精彩？

俗话说，熟能生巧。如果你经常细心地观察分析他们的谈吐，慢慢地你也能吸取他们谈话中的精华部分，为己所用。

（2）多观看一些精彩的演讲、辩论活动，找出它们的精彩之处

很多人可能觉得演讲和辩论活动中都是满篇听不懂的新名词，其实恰恰相反。演讲者和辩论者在经过准备之后，对话题的理解往往都很深刻，而好的演讲和辩论会既能深入、又能浅出，发言时都会尽量避免使用专用术语，即使用也会特别说明。而且，辩论中经常会运用比喻、举例、排比等手法，甚至有一些是很风趣幽默、吸引人的语言。

经常观看这些语言类活动，耳濡目染，对提高自己的语言表达能力大有帮助。

（3）参加一些关于聊天的技能学习，潜移默化地受影响

有的人不管怎样都说不好话，或者处处得罪人，更别说什么通过聊天搞事业了。然而，当你训练不好自己的口才时，有没有想过报名参加一些训练班呢？

加入一些口才训练班，我们就能与口才超群的老师交往，从老师那里学到聊天的技巧，而且有不懂的地方还能当面问老师，第一时间解决让你深感疑惑的问题。更主要的是，加入训练班也能扩大我们的交际圈，因为在那里我们能遇到一些同样训练口才的人，大家彼此免不了要交流闲聊，在这个过程中，我们的聊天能力也在不断地得到培养和提升。

（4）培养自己的信心，敢在大庭广众之下发言

你是不是总是埋怨自己的谈吐能力太差？或者认为自己的口才并不差，只是不能很好地发挥自己的口才？

这些情况都很常见，其实你并不完全是因为谈吐能力差，而是缺乏相应的自信心。要想得到别人的肯定，首先要相信自己，相信自己也能像周围那些出口成章的人一样，拥有出色的谈吐。

拿破仑·希尔曾说：“有很多思路敏锐、天资很高的人，却无法发挥他们的长处参与讨论，并不是他们不想参与，只是因为他们缺少信心。”所以，要想让自己也能在众人中间有资可聊，就要多在众人面前慷慨陈词，即使说得不够好，甚至说错了，也没关系，这可以帮你逐渐增强信心。

巧妙运用修辞，让表述形象生动引人入胜

修辞，是对语言进行修饰、调整和加工的技巧。运用好修辞，就好像给语言穿上了美丽的衣裳，画上精致的妆容一样，能增强语言表达的艺术效果，增加感染力和吸引力，让你说话的内容更加生动、形象。

我们从小学就开始学习修辞，如比喻、排比、借代、夸张、对偶、反问、设问、双关等。这些修辞方式你应该不感到陌生吧？但在日常交谈、聊天中，我们可能很少灵活地运用它们，这实在是个大大的浪费。许多口才卓绝的名人，就非常善于在自己的谈话中运用修辞，往往也能达到事半功倍的效果。

1775 年 3 月 23 日，美国独立战争时期，著名政治家帕特里克·亨利在弗吉尼亚州会议上慷慨陈词，发表了激情四射的演说："……回避现实是毫无用处的。先生们会高喊：和平！和平！但和平何在？实际上，战争已经开始……我们的同胞已身在疆场了，我们为什么还要站在这里袖手旁观呢？先生们希望的是什么？想要达到什么目的？生命就那么可贵？和平就那么甜美？甚至不惜以戴锁链、奴役的代价来换取吗？……不自由，毋宁死！"

这次极具震撼力和感染力的讲话被誉为"美国独立战争的导火索"。在演说中，亨利运用了斩钉截铁的言词和一连串的反问，表达了震撼人心的浩然正气，让每一位在场的听众都听得热血沸腾。这就是运用反问这一修辞手法的妙处。

（1）在聊天中善用比喻，能更容易地让别人理解和接受你的观点

仔细观察那些当红的节目主持人和研讨会主办人，你会发现，他们都是一些善于在说话时运用比喻的高手。

如何才能像他们一样，谈天交流时做到比喻随口而出呢？这固然与一个人

的思维灵活程度有关，但更重要的是自己日常的练习。如果每天进行类似“这好比……一样”“总之是……”“简直就像……”等换句练习，你会发现，自己说话打比方的能力在逐渐提高。

要是感觉这样的练习还有难度的话，也可以直接用“比如说……”来举一些具体的例子，与普通的解释相比，这种说法更显得形象生动。

（2）一语双关，让人不得不赞叹你的语言功底

一个词或一句话在不同的语境下，含义往往也不同，这就构成了双关。双关这种修辞手法，能让语言听起来更加含蓄自然、幽默风趣，具有很强的感染力。

在平时聊天时，你肯定也会经常遇到一些不宜正面回答的问题，这时就是使用双关最合适的时候。巧妙地用双关语应对，既能让对方心领神会，又给对方留了面子。

加拿大前总理让·克雷蒂安从政40余年，德高望重，政绩显赫，被誉为北美政坛常青树。但他从小有先天性生理缺陷，左脸偏瘫，因此在讲话或微笑时，嘴角总会歪向一边。有一次，一位政敌借此讥讽他说：“你用一边嘴说话。”克雷蒂安听后，迅速回应道：“是的，我是用一边嘴说一种话。不像你，用两边嘴说两种话。”

克雷蒂安一语双关的说话技巧，表现了他作为一名政治家、交谈家的睿智与幽默，既化解了突如其来的尴尬，又捍卫了自己的尊严。

（3）巧用夸张，增强话语的感染力与形象力

在聊天时，我们常常有这样的经历：当说某个人又高又瘦时，通常形容他像“竹竿”；说自己穷困时，可能会说“穷得身上一毛钱都没有了”。果真是高瘦得像“竹竿”吗？真能穷得一毛钱都没有吗？

当然不是，这是夸张的说法。这种修辞虽然言过其实，但在聊天时运用得当，听者不仅不觉得虚伪，反而还感觉形象有趣。所以在聊天、说话时，合理地运用夸张的技巧，既能加强说话的感染力，又能“启动”听者的想象力。

古人云：“俗人好奇，不奇声不用也。故誉人不增其美，则闻者不快其意；毁人不益其恶，则听者不惬于心。闻一增以为十，见百益以为千。”这句话提醒我们，夸张在说话时可以用，但不能哗众取宠，更不能无中生有、信口开河。它需要以客观事实为基础，必须反映客观事物的本质特征。之所以言过其实而又不虚假，就在于夸张凸显了事物的某一部分性质，不似真实而又胜似真实。

其次，还要注意把握分寸，要让听者知道你是在夸张而不是写实。切不可单纯地为了猎奇而强行运用夸张，让人听起来不仅不形象，反而有矫揉造作之嫌。

借助名言警句，让语言锦上添花

世界上的许多成功人士，不仅为人类的文明发展、繁荣进步创造了巨大的物质财富，也为后人留下了广博的精神财富。他们创造了许多名言警句，不但脍炙人口，还富有哲理，发人深省，闪烁着智慧的光芒。在聊天、讲话时，如果能适当引用这些名言警句，不但能显示出你学识的渊博，还能为你的语言锦上添花，大大增强语言的感染力。

在第二届全国大学生泰达论坛上，一个名叫闫研的学生说了这样一段话。

和谐社会要求我们青年人将个人的理想熔铸于社会的理想之中。诗人流沙河有诗句说：“理想是石，敲出青春之火；理想是火，点燃熄灭的灯；理想是灯，照亮夜行的路；理想是路，引你走向黎明。”高尔基也告诉我们：“当大自然剥夺了人类用四肢爬行的能力时，又给了他一根拐杖，这就是理想！”一部社会发展史，就是人类为实现理想而奋斗的历史，从茹毛饮血到大同世界，理想始终是一个人、一个民族、一个国家的精神支柱。在现阶段，只有自觉地把个人理想融入到全国人民建设中国特色社会主义的共同理想之中，理想才会熠熠生辉。

在这段话中，闫研先提出青年人将个人的理想熔铸于社会的理想之中，是和谐社会要求的观点，然后引用流沙河的名言，又引用高尔基的名言，层层深入，催人奋进，生动形象地阐明了理想的社会功效，使这段话听起来充满新意。

要想让自己在与别人聊天时有资可聊，平时就要多读一些名言警句，并理解它们的意思，这样在适当的场合，你就可以自如地运用它们，提高自己的聊天水平。

（1）每天记住几句名言警句，它们会成为你聊天时的最佳素材

可能很多人都会这样说：“我也想妙语连珠，出口成章，可‘肚里没货’啊！”

肚里有没有“货”，在很大程度上制约着口才的发挥。大凡口才好的人，在聊天、说话时，往往也能旁征博引，融会贯通，谈吐自如，妙语连珠。而要做到这一点，除了要有渊博的学识外，更重要的是要有深厚的语言积累。

名言警句的积累，对锤炼口才尤其重要。因为这些词语或句子是人类智慧的结晶，不仅蕴涵着深邃的哲理，还读起来朗朗上口。如果你也想增强自己的口语表达能力，成为一个口才极佳的人，那么不妨给自己制定一个计划：每天记住几句名言警句。积少成多，集腋成裘，久而久之，你也能拥有一副好口才，也能在与别人交谈时做到张嘴就来。

（2）在恰当的场合，以名言警句作为聊天的开场语，吸引对方的注意力

你有没有过这样的感受：说话时不知该怎么开头，难以进入角色，跟别人聊天也感觉很被动？

出现这种情况，通常是因为你的开场白不够独特，没能很好地吸引对方的注意力，抓住听众的心。如果你能在开场白适当加入几句名言警句，那么对方一定会被你独特的交谈方式所吸引，并对你的博学多识深感钦佩。这样一来，你很快就能与聊天对象之间建立很好的认同感，架起彼此之间的第一座沟通桥梁，并迅速打开谈话局面，给对方留下一个良好的印象。

（3）善用名言警句制造谈话高潮，激发听者的共鸣

清代文学家袁枚在《随园诗话》中说：“文似看山不喜平。”指出写文章要曲折有致。

说话也是如此。不论在任何场合，也不论是作演讲、作报告还是几个朋友坐在一起闲聊天，讲话都需要抑扬顿挫，富有变化，不能平平淡淡，一个调子讲到底，这样的话是没人爱听的。

在一些具体的环境中，我们就可以利用名言警句来推波助澜，制造一些谈话高潮，激发起听众的情感，获得对方的认同。尤其是在一些演讲和辩论中，善用名言警句最能增强效果。

例如，作家韩素音在第二届“理解与友谊国际文学奖”授奖仪式上的答谢辞《四海之内皆兄弟》中，就有这样一段话。

“英国人有一句俗语：言贵简洁，智在清晰。对此，我完全同意，并在世界各地两千余次的演说中总是努力实践。因而，今天也只说几句话……”

“由于我本人是中西合璧的混血儿，介乎两种文化之间，因而一贯地认为，促进世界上各民族之间的相互理解，乃是十分自然的事。思考方法之歧义，不应导致仇恨和排斥，而是应该学习和努力理解。我身体力行，只是遵循中国古代哲学而已：四海之内皆兄弟也。”

作者在开头就直接引用了英国的俗语，说明演说、谈话贵在简洁，为自己的讲话奠定了基调。最后，又引用中国古代名言“四海之内皆兄弟也”，表现了对世界上各民族之间的相互理解的迫切心情，将演讲内容推向高潮，引发起在场听众的共鸣。

来自民间的歇后语和谚语让你语言闪闪发光

谚语和歇后语寓意深刻，韵味隽永，结构固定，朗朗上口。在说话时巧妙地运用它们，能让语言更加形象生动、诙谐幽默，听者往往也能产生如饮甘泉的感觉。

谚语类似于成语，但口语性更强，也更通俗易懂，而且一般都能表达一个完整的意思，形式上差不多都是一两个短句。我们在日常说话时也会经常用到谚语，如要表达“思乡”的意思，可以说“在家千日好，出门一时难”“树高千丈，落叶归根”之类的谚语。

歇后语都由前后两半截构成，前半截是形象的比喻，像谜语的谜面；后半截是对前半截的解释，像谜语的谜底。其独特的结构形式，风趣的表达效果，也让人们在言谈中对它情有独钟。

例如，你要表达“两面讨好”这个意思，可以说“快刀切豆腐——两面光”；要表达“虚情假意”的意思，就引用“下雨出太阳——假晴（情）”这样的歇后语。这会让你的语言显得生动活泼，饶有趣味，给听众留下鲜明深刻的印象。

（1）丰富自己的文化知识，对各种谚语、歇后语博闻强记

我们这里所说的文化，并不仅限于运用一般知识的能力，而是人类在社会历史发展过程中所制造的物质财富和精神财富的总和，如天文、地理、历史、文学、艺术、哲学、经济、法律等。这些文化知识往往又浓缩在成语、典故、名言、警句当中。你在阅读之后，如果觉得有用、有趣，就拿笔记录下来，并时常拿出来翻一翻。重复往往是最好的记忆方法，久而久之，你就能熟练地运用这些特殊语言。这种方法不仅能使你陶冶情操、提高修养、开阔视野，还能让你的言辞变得更具感染力、说服力和吸引力。

当然，要巧妙地运用好歇后语，一定要准确理解歇后语本身的含义，注意歇后语与自己所表达的内容吻合，并且要将歇后语自然地融入具体的语境中，让人感到顺口才好。

（2）巧用歇后语，让你的语言变得风趣幽默

在谈话或聊天时，巧妙地运用一些谚语或歇后语，既能让你的语言风格显得特立独行，吸引听者的兴趣，又能让你的语言更加风趣活泼，从而让聊天气氛变得更加融洽、愉快。

某航空公司召开新闻发布会。在大会上，公司董事长先向全国各大传媒机构介绍公司的发展史：从一千万政府贷款起步，历经几年坎坷，终于跻身全国知名民航公司之列，拥有固定资产45亿，运营资产70亿。随后，公司总裁发表了一段风趣幽默的讲话。他说：“刚才董事长的讲话让我非常振奋。在这里，我想用几个歇后语来概括一下我们公司的创业史：创业之始，我们是石灰厂开张——白手起家；一路拼搏下来后，我们是矮子上楼梯——步步登高。之所以能有这么明显的变化，其中一个重要原因就是我们有了（转身面向董事长）您这个当家人，您就是飞机上挂水壶——高水平（瓶）！”

公司总裁在讲话中巧妙地运用了歇后语，不仅让他的话极显风趣幽默，让董事长听得心花怒放，还愉悦了听众的心理，活跃了整个会场的氛围。

（3）聊天时运用几句恰当的谚语，可以让你的语言更加简练通俗

谚语也被称为“俚语”“俗语”，是人们口头广泛流传的现成语句。它的内容涉及我们生活的方方面面，例如，交友处世类的“君子之交淡如水”；劝学类的“活到老，学到老”；民俗类的“入庙拜佛，入乡随俗”；道德情操类的“人穷志不短”……

在我们日常的闲聊、交流当中，经常会听到谚语。即使是一些大型的会议，有时为了表述清楚，也会运用谚语来传情达意。例如，在一场有关可替代能源的座谈会上，影片《难以忽视的真相》的制片人劳伦斯·本德，就以一句谚语来开始了他的演说：“当风向改变时，有的人筑墙，有的人造风车。”在另外一场座谈会上，一位企业主管向大家解释西方公司为什么不愿意在新兴市场积极开展公共关系时指出："在中国，人们说'枪打出头鸟'。"

这些都是谚语的巧妙运用。从中我们也能看出，运用了谚语的语言显得非常活泼生动，理解起来也更容易。如果你能在聊天中经常使用几句合适恰当的谚语，那么也一定可以增强语言表达的能力。

（4）储备聊天时常用的歇后语和谚语

以下给大家罗列一些常用的歇后语。

老鼠掉进米缸里——求之不得；

秃子头上的虱子——明摆着的；

裁缝师傅戴眼镜——认真（针）；

拽着胡子过河——谦虚（牵须）；

穷木匠开张——只有一句（锯）；

扇着扇子说话——疯（风）言疯（风）语；

王八肚子插鸡毛——归（龟）心似箭；

矮子上楼梯——步步升高。

以下是一些常用的谚语，大家不妨适当记忆储备。

八成熟，十成收；十成熟，二成丢；

把舵的不慌，乘船的稳当；

白米饭好吃，五谷田难种；

百日连阴雨，总有一朝晴；

从俭入奢易，从奢入俭难；

打铁看火候，庄稼赶时候；

儿大不由爷，女大不由娘；

耳不听不烦，眼不见不馋；

饭后百步走，活到九十九；

鼓要打到点上，笛要吹到眼上；

好花开不败，好事说不坏；

画人画虎难画骨，知人知面难知心。

第二章

成功的沟通都是从“先读心”展开的

先注视对方的眼睛，再确定下一步说什么

当和别人交流时，为了表示尊重，我们通常会注视对方的眼睛，或者看着对方眼睛偏上的部位。学过心理学的人，肯定知道每个人的心理变化都会通过某些不明显的细节反映出来，而泄露秘密最多的部位就是眼睛——人们心灵的窗户了。

所以，在与人交谈、聊天时，我们应多注意对方的眼睛，通过对方的眼神变化来洞悉对方的内心世界，然后再确定自己该说哪些话，对方对自己的话是否感兴趣以及交谈是否有继续下去的必要等。

薇薇在公司工作了三年，最近因为加班问题与主管有了矛盾。薇薇觉得与主管闹别扭总归不是办法，便决定与主管言归于好，主动退让一步。于是，这天下班后，薇薇主动来到主管面前，汇报自己的工作情况，本想汇报完工作后再邀请对方一起吃晚饭。没想到，从薇薇站到桌前开始，主管的眼皮都不曾抬一下，始终没有看薇薇的意思，说话也只是“嗯、啊”地答应着。薇薇见主管这种态度，只好放弃邀请对方一起吃饭的打算，拿起文件夹走出了主管的办公室。

很明显，这位主管在与薇薇交流时眼皮都没抬一下，表明他是拒绝与薇薇交流的。如果薇薇依然不停地与主管说话，那么结果可能更糟糕。

这也提醒我们，当与某个人说话、聊天时，如果对方不愿意与你进行眼神的交流，或者目光游移，你就要注意一下，是否自己的哪些言语、动作令对方感到不安，或者你的话题难以引起对方的兴趣。如果是，你就应尽快停止谈话，或者转移话题。

下面的几种眼神变化，往往传递出主人各种不同的心理活动。如果学会看

清对方的眼睛后再说话，往往能让你与对方的交谈变得更顺畅，彼此关系也会更亲近。

（1）对方眼睛的瞳孔放大，说明对你很有好感

人的瞳孔不只会因为光线强弱的变化而放大或缩小，也会因为心理状态的变化而发生变化。通常，人们看到自己喜欢的人或听到喜欢的话时，瞳孔都会放大。即使对方假装扭头看向别处，表现得毫不在意，但通过瞳孔放大这一自然的生理反应，你也能很快看透对方的心思。

眼睛一直都是人们最为关注的器官之一，很多人都认为眼睛是最能传达情感，同时又是最不会说谎的五官之一。如果你在与对方说话、聊天时，发现对方的瞳孔明显放大，那说明对方对你非常有好感，甚至已经完全信任你了，你可以继续与对方畅聊下去。

但是，谈话时要仔细观察对方眼睛瞳孔是否放大可能有些困难，如果紧盯着对方的眼睛，会让对方感到紧张、不自在，进而影响谈话的质量。因此，在日常聊天、谈话时，不要一直盯着对方的眼睛去看瞳孔扩大了没有，只要进行正确的目光接触就能控制谈话的局面。例如，对方眼睛睁大，目光有神，也表示对你当前的话题感兴趣。如果稍微眯眼，用有些斜视的眼神看着你，那么你最好闭嘴，或者转移话题，因为这表示他并不想听你继续说了。

（2）眼睛东张西望，表示对方对你的话题感到厌倦

东张西望的眼神，很容易让人产生不安全感。如果在交谈时出现这种情况，往往表示对方对你当前的话题或内容已经厌倦，迫切地想要停止并离开。

当人的目光上下左右四处看时，我们通常认为是在观察周围的环境和事物，但其实这是大脑在搜寻离开的路线。因此，东张西望的眼神往往是人们对于眼前的人和事物缺乏安全感的表现。

如果一个人与一个自己并不喜欢的人说话，他就会本能地想看别的地方，寻找可以摆脱这个人的方法。所以，如果你在与对方聊天时，发现对方的眼睛不停地东张西望，那么你要注意了，对方很可能想快点结束与你的交谈，他已经感到很厌烦了。

（3）说话时不看人，表明对方不赞同你的观点

当两个人彼此眼神交汇时，才算是真正形成了互相沟通和交流的基础。当我们与别人交谈时，有的人会带给我们很舒服的感觉，而有的人却会令我们局促不安，甚至让我们感觉不可信赖。这些感觉的产生都是从眼神开始的，而且往往取决于对方注视我们的时间有多长，或者面对我们注视的目光时对方有怎样的反应等。

但是，如果对方在说话时尽量不看你，那么意味着他一开始就不想与你进行深入的交流，并已经决定在不想忍耐的时候立刻说出拒绝你的话。尤其是你们正在商讨一件事时，如果你在征求对方的意见，而他自始至终拒绝跟你进行眼神交流，那么他很可能已经下定了拒绝你的决心。

当然，还有些人是因为性格内向，不善交际，所以说话时也无法将视线集中在对方身上。总之，说话不看人的人，很可能是内心不够自信或已经不耐烦了。与这样的人交往时，我们要尽量避免喋喋不休的重复，尽量抓重点，消除对方的敌意，以便谈话能顺利进行。

从言辞、表情、动作等细微之处，读懂别人的品格和心理

当一个陌生人站在你面前时，你如何利用有效的几分钟，甚至几十秒钟的时间，来了解对方的个性特征、兴趣爱好、心理活动等？他有没有与你交谈下去的兴趣？你怎样才能拉近与对方的距离？

大多数时候，我们都是靠第一印象来对他人进行第一次判断的，但完全靠第一印象来了解他人是不全面的，最有效的方法就是注意对方的微反应，即对方在试图掩盖某种情绪时无意识做出的、短暂呈现出来的表情以及一些细微的、不易察觉的肢体动作等。这些微反应不仅能体现出一个人的地位、性格、品质，而且还能流露出对方内心的情绪，所以也成为我们了解对方的关键所在。

一名业务员到一家公司去拜访客户。等他进门就座后，客户一边与他说话，一边往别处看，同时有人在小声讲话。这表明业务员的来访打断了什么重要的事，客户心里惦记着这件事，因此客户在接待业务员时显得有些心不在焉。

这时，这名业务员做出了一个非常明智的举动：他在提出请求后打住了谈话，然后告辞说："您一定很忙，我就不打扰了，过两天我再来！我说的事情，还麻烦您考虑一下！"

这名业务员走后，客户对他既有感激也有内疚："因为自己的事，都没好好跟人家聊聊业务的事。"出于此种心理，客户在处理完自己的事后主动与业务员取得了联系。

这名业务员就很懂得观察对方的微反应。如果他对客户的心不在焉毫不在意，仍然喋喋不休地介绍自己的业务，很可能难以达到目的，甚至引起客户的反感。

言辞、表情、动作等，最能透露一个人的品格和心理。因此你与别人交谈时，也要留心观察，从对方的微反应中洞悉对方是否想开口与你交谈，或是否对你的话感兴趣，然后再决定是继续说下去，还是马上闭嘴。

（1）从谈话的话题洞悉对方的内心世界

人的情绪往往会不自觉地从谈论的话题中呈现出来。话题的种类很多，如果你要弄清对方有没有兴趣与你交谈，或者想从中了解对方的性格、气质、想法等，最容易着手的方法就是从对方的话题中获取更多的信息。

例如，经常将话题引到自己身上的家庭妇女，说明是典型的家庭主妇。你在与她交流时，如果不停地谈论你的工作、现在的经济状况、你最近看了什么书等，对方很可能会反感，也就不愿意再开口与你交流了。

所以，当对方说话时，你只要摆出一副耐性倾听的样子，就可以很容易地赢得对方的好感。

（2）从语言习惯了解对方的性格特点

语言往往能体现出一个人的性格特点，人的深层心理变化也会在不知不觉间反映在说话的措辞上。如果你注意观察和倾听，就能通过对方的话语了解对方的性格，知道与对方聊哪些话题更能引起他们的兴趣和共鸣。

例如，说话喜欢自问自答的人，通常不愿意采取他人的任何观点，大多较为固执，对自己过于自信。与这样的人聊天，如果你过于想表达自己的观点，可能对方就不会太愿意与你开口聊天。

再如，喜欢采取肯定方式说话的人，能力一般较强，能对谈论的事情迅速得出结论，并能勇敢地表达自己的想法。如果你与他们聊天时表现得过于软弱、无主见，对方可能也会觉得你不是一个很好的聊天对象。

（3）从说话的方式揣摩对方的真实想法

通常来说，一个人的感情或意见都会通过他的说话方式表现出来，只要仔细揣摩，即使是弦外之音，也能从他说话的口吻中一点点透露出来。

例如，说话的语速快慢就能展现出一个人的心态。如果对某人持有敌意态度时，许多人的说话速度都会变得迟缓；如果有愧于心或说谎时，说话的速度自然就会快起来。

所以，当你在与别人说话，而你们的意见相左时，如果对方提高音调，表示他想压倒你。此时如果你还想继续与他聊下去的话，不妨暂时顺服他的意见。否则，他可能很难再愿意与你继续沟通下去了。

（4）通过对方的面部表情来了解对方的情绪

人的心理活动非常微妙，但这种微妙的心理变化也往往能从面部表情里流露出来。如果遇到高兴的事，脸颊的肌肉会很松弛；相反，一旦遇到悲哀的状况，自然就会愁眉紧皱。

例如，如果对方看起来面色凝重、眉头紧锁，那么你与他谈论一些快乐的事，可能很难引起他的共鸣，因为此时他正心情不爽，根本没有心思开口与你谈天说地。

相反，如果对方面色愉悦，表情轻松，你与对方聊一些愉快的话题，而且又是他感兴趣的话题时，对方往往会很愿意与你畅聊下去。

不要说自己想说的，要说对方想听的

如果有人问你：“你会聊天吗？”你一定觉得这个问题很好笑，聊天谁不会？但在现实生活中，还真有很多不会聊天、不会说话的人。当然，我们说的“不会说话”的人指的是说出来的话别人不爱听、不想听的人。

人与人之间的交往离不开语言。列宁说：“语言是一种极其重要的人类交际手段。语言在大多数情况下能调节人们的行为，激发美的情绪。”关于语言，应用最多的就是说话、聊天，一个说话缺乏艺术、不会说话的人，往往是很难赢得良好的人际关系的。

曾经有这样一个故事，讲的就是关于说话方面的事情。

有一天，某药房里来了一位男士，十分痛苦地用手捂着牙床的位置，询问营业员是否有治疗牙疼的速效药。营业员找出一种药后告诉男士，这是癌症和术后患者止疼的特效药，还一再强调治疗癌痛效果很好。男士听后勃然大怒：“有你这么卖药的吗？我是牙疼，又不是癌痛，你向我推荐这种药是在诅咒我吗？”说完，男士愤然离开了药房，当然也没买药。

中国有句俗话叫作：“一句话说得让人跳，一句话说得让人笑。”同样的语言，表达方式不同，结果也会大不一样。这位营业员反复强调治疗癌痛，就犯了人们的大忌。虽然她可能也很同情男士的痛苦，出于好意，认为治疗癌痛的都是特效药，对牙痛效果好，她也不过是说了自己想说的。但是，她想说的却不是对方想听的，即使说的是实话，也要讲究技巧才行。

所以，说话一定要分清场合、对象，要看对方想听什么，而不是你想说什么，只有懂得语言的艺术，才能娴熟地使用语言。

（1）寻找与对方情感上的共鸣，多说对方感兴趣的话题

人们常说："要想讨母亲的欢心，莫过于赞扬她的孩子。"这就说明：你如果想赢得对方的好感，就要在说话时找到与对方情感上的共鸣。

例如，对方对时尚的话题感兴趣，你就与他探讨时尚；对方是个麻将迷，你说话时多采谈麻将肯定能引起他的共鸣；对方是个很幽默的人，喜欢说幽默的话，那么你的话若充满幽默感，定然能赢得对方的好感，更能拉近双方的距离。

（2）了解对方的真实需要后再开口

说话、聊天的目的除了表达自己的想法外，更重要的是促进彼此间的沟通，拉近彼此的距离。所以，在日常生活中，你不要想到什么就说什么，为了说而说，而是要把话说到对方的心里。

怎样才能把话说到对方的心里呢？毫无疑问，就是说对方想听的话，按照对方的需要说话，这样对方才更爱听你的话，也更愿意与你聊下去。例如，同事加薪了，洋洋得意，你可以适当给予赞美；朋友结婚了，满脸的幸福，你要表示羡慕和祝福……这些都能让你的话成为金玉良言，不仅别人爱听，自己也会很有成就感。

（3）即使批评别人，也要换一种委婉的方式表达

当别人犯了错，你想批评或劝解对方时，不要鲁莽直言，而应采用迂回或抽象的词汇，用一种委婉的方式来表达你的观点，这样既给对方留了面子，又能让对方乐于接受。

例如，当别人把事情办砸时，你不要这样说："你怎么这么没用，连这点儿小事都办不好！"而应该这样说："处理简单的事，反而更容易出错，这几乎是每个人的通病，你也不要耿耿于怀，以后多注意就好了。"

这样的表达方式相信更能让人接受，也更能起到语言该起到的作用。批评人，也要让对方听得进去才行，否则你的批评就变成了指责，对方不仅听不进去，还可能对你产生反感。

（4）说话要看准时机、分清场合，让每一句话都发挥作用

在不同的时机和不同的交际场所，即便同样的话，也要采取与之相应的表达方式，否则就可能达不到交流、沟通的目的。

例如，当有熟人和陌生人同时在场时，你说话就要多注意，说话不要太随便，否则对你不了解的人很可能认为你口无遮拦，说话不得体。

在一些正式的场合里，如会场上，说话应严肃认真，不能信口胡言，更不能随便开一些“有伤大雅”的玩笑，引起别人的反感。当然，在非正式场合，说话就自由多了，可以像平时唠家常一样，不仅便于感情交流，还能谈深、谈透。

总之，要想在社交中成为受欢迎的人，说话时就要看时间、分场合，这样说出的话才能发挥作用，让别人更爱听，而你也才能更快地赢得对方的好感，与对方建立融洽的关系。

站在对方的立场来交谈是成功说服对方的技巧

无论在职场还是在生活中，我们经常会遇到一些说话、做事非常霸道的人，他们的言语或表现仿佛在告诉你：我们说的、做的就是正确的，不允许你提出任何意见或不满。

其实很多人都习惯将自己的想法、意见强加给别人，总觉得自己的观点最正确。有时即使出发点是好的，但不能站在对方的角度说话，甚至还根据自己的想法对别人强加指责，这样的方式都难以让人接受。

在人际交往中，善解人意的人总能受到大多数人的欢迎，因为他们能设身处地地为别人考虑，能站在别人的角度说话，体谅别人，这样的说话方式会让别人感到友爱和温暖，所以也更容易赢得别人的好感。

某精密仪器厂生产某项新产品，将其部分部件委托给一家小工厂制造。当小工厂将零件的半成品送到仪器厂后被告知：这批产品全都不符合该厂的要求。仪器厂负责人要求小工厂立即重新制造，而小工厂的负责人认为他们完全是按照仪器厂的要求制造产品的，所以不会重新制造，双方僵持起来。

仪器厂厂长在问明原委后，便对小工厂负责人说："我想这件事完全是由于我们公司方面的设计不周所致，还令你们吃了亏，实在抱歉。今天幸好你们帮忙，才让我们发现竟然有这样的缺点。只是事到如今，工作还是要完成的，你们不妨将仪器制造得更完美些，这样对你我双方都是有好处的。"小工厂感觉对方很为自己考虑，而且己方也有责任，因此听完仪器厂厂长的话后，欣然应允。

也许你会说："站在别人的角度说话做事，说起来容易，做起来哪有那么简单啊！”不错，做起来的确不容易，但也不是不可能。真正会说话的人，会很善于努力地站在别人的角度思考问题，当然他们也不是一开始就能做到，而是从一次次说话中总结经验，不断让自己养成这样的习惯。因此只要你有足够的耐心，知道在听人说话时能设身处地地为别人考虑，有深刻的体会自然就能理解别人。这样一来，和谐相处就不是一件困难的事了。

（1）想他人所想，给他人所需

在说话时，最能吸引对方关注的，无疑是那些有关对方切身利益的话题，与对方谈论或提出你的建议，会迅速抓住对方的心理。如果你的建议够好，对方更会对你心悦诚服。

有一次，相声演员姜昆到广州演出，记者纷纷前去采访，姜昆都一一拒绝了。这时，一位女记者再次敲响了他的房门，说：“姜昆同志，我是个相声迷，非常喜爱您的表演，可我想跟您谈谈您演出时的一些要特别注意的细节问题。”

姜昆一听，这位记者是为自己演出更完美而来的，就十分热情地招待了她。这位记者也就获得了关于姜昆的独家新闻。

这位女记者就是站在姜昆的角度，给姜昆传达一个这样的信息：

“我来是为了让你的表演更精彩的”，简直让人拍手叫绝。

在面对不同的说话对象时，你要提前揣测对方最关心的话题，从对方最关心的角度出发，说对方最需要的话。在说话一开始就触动对方心理，你就能事半功倍，更好地与对方畅聊。

（2）说话时，让对方产生一种“你很尊重我”的感受

每个人都有获得别人的尊重和重视的心理，既然如此，你在说话时不妨巧妙地利用人的这种心理，让对方产生被尊重的感觉，站在对方的立场上思考问题，这样对方也会愿意与你交谈。

比如在拜访别人时，客套话后，应先问对方：“不知我能打扰您多长时间？”如果对方很忙，可先问他：“能不能给我 15 分钟的时间？”这样问，对方就会感到自己很受尊重，谈话也就能融洽、顺利地进行了。每个人都想让别人觉得自己很忙、地位很重要，因此你必须表现出“占用你的宝贵时间”的态度，让对方觉得“你很尊重我”而得到满足。只要对方满足，你的谈话即使拖长一些，对方也不会显示出不满。

（3）不要轻易让“你错了”说出口

我们在与别人聊天时，既需要热情的赞美，也需要中肯的批评。批评是为了帮助对方认识错误，改正错误，而不是要制服对方或将对方一棒子打死，更不是为了拿对方出气或显示自己的威风。

所以，即便对方犯了错，我们在说话时也要多注意，不要轻易让“你错了”说出口，尤其不要强迫对方当面承认错误，而应采取一种委婉的方式，巧妙地暗示对方错在哪里，应该如何改正。例如，对方把一份很重要的文件打错了，你想批评对方，但直接批评会很伤人，不妨这样对对方说：“我知道你这次不是故意的，下次再细心一些就好了，毕竟弄错了是件很麻烦的事。”这样说，对方既感激你的体谅，又会对自己的错误感到内疚，以后工作也一定更用心。

美国汽车大王福特曾说过：“如果说成功有秘诀的话，那就是站在对方的立场上认识和思考问题。”这也告诉我们：要让你说的话受人欢迎，令听话者顺耳顺心，不仅要注意说话的方式和口吻，更要站在对方的角度，体察对方此刻的心境，考虑对方可能的感受。只有这样，你才能真正做到“良言一句三冬暖”，从而使你赢得他人的喜爱。

沉默是特殊的语言，具有独特的价值

沉默是一种特殊的语言，具有其独特的价值。在人际交往的过程中，在某些情况下，恰到好处的沉默往往比口若悬河更能引起别人的关注。这就是人们常说的“雄辩是银，沉默是金”。只要我们因时因地，适当把握、运用它，沉默也能成为一种有效的表达方式，而且效果有时甚至会超过直言抢白，具有特殊的语言意义。

林肯和道格拉斯当年为争取一个进入参议院的名额，进行了多次辩论。在这轮著名的辩论接近尾声之际，似乎所有的迹象都显示出道格拉斯的胜利，但林肯却始终没有放弃努力。在他最后一次的演说刚讲到一半时，他突然停顿下来，默默地站了一分钟，两眼深情地望着他面前那些半是朋友半是旁观者的群众的面孔，然后又以他那独特的单调声音说道：“朋友们，不管是道格拉斯法官或我自己被选入美国参议院，那都是无关紧要的，我们今天向你们提出的这个重大问题才是最重要的，远胜于任何个人的利益和任何人的政治前途。朋友们……”

说到这儿，林肯又停了下来，沉默了足足 10 秒钟。听众们也改变了先前的态度，开始屏息以待，唯恐漏掉了一个字。“即使道格拉斯法官和我自己的那根可怜、脆弱、无用的舌头已安息在坟墓中时，这个问题仍将继续存在……”

最终林肯在辩论中巧用沉默，一举扭转败势，为他顺利进入参议院奠定了坚实的基础。

过去，心理学家常常认为我们应该把自己所想的事情都说出来，告诉别人，但现在人们逐渐发现，在与别人交往中，有时沉默比语言更能引起人们的注意。因为沉默不是无奈，也不是软弱，而是一种内在的抗争，能起到有声语言无法起到的作用。它让对方无法了解到你的真实想法，反之，你却可以探测对方的动机，逐步掌握说话的主动权。

（1）用沉默表达你对某些话题的不感兴趣

在与别人交谈时，如果对方一直口若悬河地讲，而你对他的话题根本不感兴趣，不想继续与他聊下去，此时不妨选择沉默是金，以一种沉默无语的方式来达到提醒对方的目的，也就是在提醒对方，你对他所说的话题一点都不感兴趣，他最好能换个话题或者干脆离开。

但在这样做的时候，一定要注意礼貌，切不可表现得太过火了，伤害对方的自尊，这样你就会失去一个朋友，实在是件不值得的事。

（2）沉默是处理分歧、避免争吵的最好方法

有时候，适度的沉默是一种积极的忍让，旨在息事宁人。在交往中，由于每个人的生活阅历、学识水平、社会地位等不同，看问题的角度和思维方式也难免会有差异。然而，在一些无关紧要的问题上的细小分歧，三缄其口、洗耳恭听、颔首微笑也是一种有效的处理方法。否则，你们双方彼此各持已见，互不相让，只会让双方都不愉快。

采取适度的沉默态度，撤出争论，既表现出自己的宽容胸怀，又有利于促使对方冷静下来，缓和、缓解矛盾，避免事态失去控制。而且，适度沉默还能及时让自己避免处于被攻击的境地，在对付一个特别矫情的谈话对手时更加有效。

（3）沉默可以表明你的坚定立场

《谈话的艺术》的作者、心理学教授格瑞德·古德罗说："沉默可以调节说话和听讲的节奏。沉默在谈话中的作用就相当于零在数学中的作用，尽管是'零'，却很关键。没有沉默，一切交流都无法进行。"

我们都知道口才好是一种力量，但沉默更是一种力量，只不过前者的力量是向外的，后者的力量是向内的，前者更宽泛、飘忽，后者更深沉、有力。

沉默是表达你的立场的很好方法，也是应对不公待遇的一种无声抵抗，它可以让你的对手不敢对你轻举妄动。而言多必失，只会让你的底线被对方一览无余。门前的石狮子是沉默的，多少年都不会听见它发出一点声音，但每个从它面前经过的人，都会由衷地感到敬畏。这就是沉默的力量。

当然，沉默虽然可贵，也不能走极端，一句话也不说，那么交谈、聊天就成了"独角戏"。只有懂得何时该说话，何时该沉默，才能更好地处理人际关系及遇到的各种问题。

第三章

高情商的人一句话就能说到对方心坎里

说话点到为止，不要说多余的话

大部分人都有自尊，也有很多人爱面子，所以，说话不仅要留有余地，而且还要留有面子，要根据一定的环境、一定的对象说话，点到为止。《礼记》中有这样几句话："不失足于人，不失色于人，不失口于人。"

古人云："山不在高，有仙则名；水不在深，有龙则灵。"说话也要如此，话不在多，点到就行。现代人的观念里，时间就是金钱，在快节奏的生活和工作中，没有人愿意花大量的时间去听你长篇大论，这就要求说话者做到言简意赅，一针见血地把话直接说到心坎里。

美国前总统华盛顿在 1793 年的就职演说只有 150 个字左右；林肯著名的葛提斯堡演说只有 10 个句子。尤其是林肯的演说词，仅仅用了 600 余字，并且他从上台到下台的时间还不到 3 分钟，但却赢得了 15000 名听众经久不息的掌声，当时，这次演讲一下子就轰动了全国。

当时报纸评论说："像这样篇幅短小精悍的演说真是一种无价之宝，感情深厚，思想集中，措辞精练，而且字字句句都说得朴实、优雅，行文又很完美，完全出乎人们的意料。"

所以，他的手稿被收藏于国会图书馆之中，他的演说辞也被铸成了金文，放置在牛津大学。人们还把他的演说作为英语演说的一个经典的范例。

1984 年，新当选的法国总理洛朗·法比尤斯发表就职演说，内容更是短得出奇。他的演说词中只有这样两句话："新政府的任务是国家现代化，团结法国人民。为此，要求大家保持平静的心态，拿出最大的决心。谢谢大家。"

这篇演讲言辞委婉，内容精练，真可谓"独出心裁"。有人这样描述道："还没等人们醒悟过来，新总理已转身回办公室去了。”

这个事例告诉大家，说话要说到点子上，不要用一大段的对白来表达仅仅一句话或几个字的意思，这样与人交流，只会让对方加速厌烦。

语言是人与人之间沟通的桥梁，是传播信息的工具，如果你想让对方真真切切地明白自己的意思，就要把话说透，且不烦琐，直接说到点子上。话贵精不贵多，说得多不一定说得好。会说话的人，善于掌握语言精巧之道，利用精妙的语言轻松将自己推向成功。

那么，怎样才能把话说到点子上呢？

（1）不断把你的话“抽脂减肥”，做到主题鲜明、重点突出

有时候，聊天交谈并不在于时间的长短，短小精悍的交谈内容反而更具有艺术魅力。

研究发现，大多数的人在听报告或演讲时，精力集中的时间长度大约为30分钟，而且最佳的状态也只有前15分钟。所以，从生理角度来讲，在你发表讲话时，最好能把时间控制在30分钟以内。

要做到这一点，首先我们就要做到“忍痛割爱”，大刀阔斧地删除你的话里那些没用的冗言赘句，也就是把“臃肿”的说辞“抽脂减肥”，力求做到主题鲜明、重点突出而且言简意赅，最大限度地提高话语中的信息量。

高尔基曾经说过：“简洁的语言中隐藏着最伟大的哲理。”所以，我们在交谈、聊天时也要学会运用精短、明快的语言，让自己的话语给别人留下深刻的印象。

（2）说话最好留三分，给对方以充分的思考空间

俗语说：“说话莫说过头话，话到嘴边留三分。”这种“留三分”的说话境界，并不是见了别人不敢说话，或者别人说错时不敢指出，刻意隐瞒自己对某一事件的看法，而是摒弃那种阿谀奉承的迎合态度。

“点到为止”这种表达方式，通过七分话语外延出的三分张力，把十分的话语空间充斥满，这样既能表达出你所要表达的本意，又能给对方以充分的思考空间。说话留有余地，这也能最大幅度地提高我们的人际关系处理能力。

从相反的角度来讲，如果说话不讲究分寸，想说什么说什么，想说多少说多少，其后果可能会超出你的控制范围。俗话说得好："一句话说得让人跳，一句话说得惹人笑！"说话难就难在掌握"火候"上，如果你想做一个交际场上的说话高手，就应该懂得把握好说话的"火候"。人们常说："言多必失。"意思就是说，如果一个人总是滔滔不绝地讲话，说多了，话里自然地会暴露出很多问题，引起他人的不快甚至厌恶。

（3）好话不在多，能表达正确的含义就行

话语的分量不在于说得很长、很多，而在于恰到好处，适可而止。一勺糖掺多了水反而寡淡无味，闪光的思想被连篇废话包裹，也会黯淡无光。古语云："言不在多，达意则灵。"说话要语不凡，字字珠玑，简练有力，才能使人兴味倍增；冗词赘语，语绪唠叨，不得要领，必然令人生厌。

"浓绿万枝红一点，动人春色不需多。"言语以精练为本，简要是才智之魂。要想在说话时简洁明快，在说话之前就要深思熟虑，把一些没用的废话、套话省略了，精心提炼每一句话乃至每一个字。只有这样，才能让说出来的话字字珠玑，掷地有声，对方也会觉得你是个干脆利落之人，并愿意与你交往共事。

幽默的话语要只可而至，过度幽默反而会过犹不及

幽默是一门语言艺术，在语言中能起到深入浅出的作用。而且在不改变原意的情况下，幽默还能让语言变得高雅含蓄、富有情趣。幽默的话语不仅能带给人们欢笑，更主要的是可以使人们在欢笑声中顿悟出其中的含义和哲理。

幽默是人际交往的润滑剂，有了它，我们的沟通就会更加顺利，人际关系也能更加和谐。所以有人说，幽默是生活的调味料，能让我们的生活变得有滋有味。

但是，任何“调味料”都是不可滥用的，就好比用盐，用得适当能让菜味鲜美，但用得太多，就会令人难以下咽。我们在沟通交流中也是一样，使用幽默切忌滥用，用多了照样会影响你说话的效果，甚至你所附带的“赠品”还让人难以接受，交流效果也会适得其反。

有个女孩，人很聪明，心地也好，说话也挺幽默，可就是有时幽默过了头，一不留神就把人给得罪了。

有一次，大家在一起聊天，一个挺丰满的同事说：“杂志上说，其实我们每个人的身体真正需要的营养比实际摄入的都要少很多，发胖在很大程度上是因为没管住自己的嘴巴。”这个女孩听后，本来想幽默一下，结果说道：“是啊，这文章标题应该叫‘活该你胖’，谁让你吃那么多！”丰满的同事一听，当即就变了脸色，扭身走了。以后。这个同事见了这个女孩，都是爱答不理的。

虽然这个女孩在跟同事聊天时也没恶意，只是开玩笑而已，但因为没有把握好分寸和尺度，引起了同事的不满，正所谓“说者无心，听者有意”，有时你即便是想幽默地赞美对方几句，也可能因为幽默附带了“赠品”，这个“赠品”不

小心冲撞了对方，所以引起对方的反感，甚至还可能招来怨恨。

因此，在人际交往时，适当的幽默很有好处，但一定要注意幽默的尺度，不可失了分寸。

那么，在幽默交谈时应如何拿捏尺度、分寸呢？

（1）幽默不要附带可能会伤害别人的“赠品”

恰当的幽默能促进交谈的顺利进行，但幽默一定要保持态度友善，不能伤害别人，尤其是不能拿别人忌讳的事来制造幽默，这会严重伤害别人的自尊和人格。

成功的社交往往源于对他人的尊重，也许有些人不如你口齿伶俐，表面上你的幽默可能占上风，活跃了聊天气氛，但对方一定会认为你不够尊重人，以后也不会愿意再与你继续交往了。

运用幽默时，最好能先了解对方的情况，不要犯了对方的忌讳。否则，本来活跃气氛的话语就变成了伤人的恶言，实在是得不偿失。

（2）幽默也要放在合适的场合运用才有效

俗话说，“到什么山头唱什么歌”，幽默亦是如此。在合适的场合幽默，巧妙地利用场合氛围，可以让交谈的意图、内容与场合气氛协调一致，便于对方理解和接受。如果不分场合地幽默、说笑话，不但不能调节气氛，反而令人反感。

例如，在气氛比较严肃的场合，你的幽默就会让人觉得不合时宜，不仅不能让别人感到好笑，还可能让人觉得你说话没有分寸。

所以，在日常生活中，幽默一定要注意场合。在一些比较轻松、愉悦或私人聚会等场合，可以适当说点轻松幽默的话题，调节气氛；而在一些重要的约会、洽谈生意等场合，最好收一收你的幽默感，留到合适的场合运用吧。

（3）幽默也要分对象，不能见谁都想幽默

在我们身边，通常最容易发挥幽默的对象是同事、朋友及家人等。平时在聊天时，跟这些人说些幽默的话语，开几句无伤大雅的玩笑，可以让心情放松、气氛融洽，幽默的内容也可不受约束。

但是，如果与你谈话或聊天的对方地位比较高，那么你在说话时就要有所顾虑了，不能贸然幽默，说出失礼的话来，引起对方的不快。

还有些人错把肉麻当幽默，不分场合、不分对象地对别人说些肉麻的话，自以为很幽默；还有些人则习惯贬抑别人以抬高自己的身价，都是不合适的。像朱德庸的四格漫画《双响炮》《涩女郎》都以辛辣著称，让人忍不住捧腹大笑，但那样的黑色幽默如果发生在现实生活中，不分对象地运用，就可能令人尴尬，从而让对方对你产生不好的印象。

（4）不要无事生非地故作幽默，让人感到既无聊又无趣

大家都知道，在聊天时适当幽默一下，可以活跃气氛，促进人际关系的和谐，但如果你不懂恰当地运用幽默，反而会适得其反，影响了别人对你的印象。例如，有些人无事生非地故作幽默，就很令人反感。下面这个小故事正好向我们展示了这种情况。

在一家饭店里，一位顾客怒气冲冲地对服务员说："怎么回事？这只鸡的两条腿怎么不一样长？"服务员自以为很幽默地回答说："你又不是和它跳舞，你是要吃它……"顾客本来就不满意，现在一听服务员的话，更加生气了，一场本来可以避免的争吵开始了。

可见，有些场合还是不要随便幽默的好，像上面小故事中的顾客正处于心情不佳时，不得体的幽默就可能激怒对方，恶化彼此的关系。此时，最好还是心平气和地与对方好好说话，让对方的情绪稳定下来，然后再沟通解决问题的方法。这样处理事情的方法、话语等，往往比你的"幽默"更有效。

简洁是智慧的灵魂，冗长是肤浅的藻饰

莎士比亚说："有的人以为话不讲得长些不显得重要，其实'简洁是智慧的灵魂，冗长是肤浅的藻饰'。"

高尔基也有相似的看法："如果一个人说起话来长篇大论，这就说明他也不甚明了自己在说什么。"

一些说话让人听起来不那么舒服的人，说起话来往往滔滔不绝，一句接着一句，一段接着一段，尽其所能，连气都不喘，显得他非常健谈。听者自然也没有了喘气之机，好像面对一条洪水泛滥的河流，总也望不到尽头。可如果你仔细听他说的话，会发现其实他说的话往往没有层次，缺乏重点，基本就是想起什么说什么，反正话题是多得不得了，话也长得不得了。

现在还有很多人喜欢煲电话粥，一个电话打半个小时甚至几个小时，但不要以为所有人都能跟你如此聊得来，也不要以为所有人都跟你一样这么有"闲"。要知道，在这个"时间就是金钱"的时代，人们的沟通往往更讲究效率。

大家应该都看过《大话西游》吧？里面的唐僧一出场就说个没完，让人无语得很！冗长的说教，满嘴的陈词滥调，没有自己独特见解的话语，只会引起听者的心烦和厌倦。

这也提醒我们，不论我们与人正式交谈，还是随意聊天，都要注意长话短说，把话说得简洁、精练，而不是短话长说，说起来没完没了。

马克思的女儿燕妮，有一次曾请教当时德国著名的一位历史学家，问他能否将古今的历史缩写成一本简明的小册子。教授笑着答道："不必。"他说，只需用四句谚语，就能概括古今的历史：一、当"上帝"要某人灭亡的时候，往往先让其有炙人的权势；二、时间就是一个巨大的筛子，最终会淘去一切历史的陈渣；三、蜜蜂盗花，但结果反而使那些花开得更盛，妩媚迷人；四、暗透了便望得见星光。

这位历史学家的话说得非常简短，但句句切中要害。所以你在说话时，最重要的是说出你要谈论的主题，其余的客套话尽量少说或不说，这样你的听众才不会感到心烦意乱。

喜欢短话长说的人，往往喜欢在说话之前先加一个“大帽子”，类似于“古人云”“孔子曰”之类。这样做的目的，一是在说话之前先把对方镇住，二是想借此显示一下自己的学识渊博。尤其是一些经常开会讲话、作报告的人，更是如此。结果呢？下面的人往往听得哈欠连天。

所以，与人交谈时最好能抓住要点，尽量长话短说，把话说得精练，让人一听就知道你要说什么，这样才能赢得听众的欢心。

那要如何才能做到长话短说呢？

（1）说话内容要有重点，避免冗长的陈词滥调

即便是轻松的聊天，说话内容也要尽量有重点，不讲空话，也不重复别人已讲过的或众所周知的话，这也是赢得听众的谋略。冗长的说教，满嘴的陈词滥调，没有自己独特见解的说辞，只会让听者越来越失去与你交谈的兴趣，甚至对你敬而远之。

在一些比较正式的场合，如商业谈判、会场、做报告、演讲等，更要学会抓重点，让自己的话一针见血，少说空话、废话，给人一种简洁、干练的印象，从而吸引听众，使他们迅速地进入主题。相反，冗长烦琐的客套话，只会令听者生厌。

（2）长话短说对你的思维能力是一种很好的锻炼

从说话所要达到的目的来看，无论我们说话的内容有多少，长话短说都能在一定程度上锻炼我们的快速思维能力，提高行动的敏捷性。而废话多或语气词太多的人，大多是因为思维缓慢或逻辑混乱，所以也容易一句话翻来覆去说个没完。

如果你有类似的问题，那么不妨多锻炼自己，说话时尽量先提炼出重点，然后再一条一条往外说。这样不仅能让你的话语显得更有逻辑，还能提高你的思维能力。

说话的质量和说话的数量并不成比例关系，无论是实话、真话还是感人的话，说多了都会让人感到寡淡无味。我们语言聊天，是为了让别人领会、听明白，并取得对方的合作或认同，而不是把语言变成一种催眠术，去解决听众失眠的问题。所以，简洁、精练的话往往更能引起对方的好感。

当然，长话短说也必须针对特定的对象。假如对方与你刚刚相识，你一上来就直奔主题，势必让人感到唐突，效果也不会发挥到最佳状态。

（3）言简意赅，直奔主题，才更能引起对方的共鸣

好口才的表现之一，就是能高效地完成自己的讲话，让自己的语言简洁精练，在最短的时间内让对方明白你所要表达的意思。

但要注意的是，简洁也要从实际效果出发，简得适当，恰到好处，而不是为了简而简，以简代精。倘若在讲话中硬是掐头去尾，那么只能让别人不知你所云为何，听得一头雾水。因此，讲话简洁应以精炼为前提。尤其是对于职场中的人们来说，每天都在想着如何实现高效的沟通，更应注意说话时的言简意赅，若能恰如其分地直奔主题，更会大大提升你的讲话效果。

要做到言简意赅、主题鲜明，首先注意不要就对方不感兴趣的话题说个没完。沟通是一个互动的过程，不是你想说什么就说什么，而是在了解对方的想法之后，再决定自己该说什么。如果你说个没完没了，还觉得自己说得又简洁又简练，对方却不知道你说了什么，这样就失去了沟通的意义。

其次，还要用对方熟悉的语言来表达，否则就会产生大量的误解，造成沟通中的障碍，让谈话无法顺利进行下去。

微笑闪耀着迷人的魅力，是叩开心灵之门的金钥匙

无论你在什么地方，无论你在做什么，人与人之间一个简单的微笑都是一种通用的沟通语言。无论在生活中还是在工作中，微笑都闪耀着迷人的魅力，让你的人际关系更加和谐、融洽。

卡耐基曾鼓励学员们花一星期的时间，每天24小时都对别人微笑，然后回到班上来，谈谈所得到的结果。下面是学员史坦哈的心得："我已经结婚10年了，在这期间，从早上起床到我上班，我很少对我太太笑。现在，当我坐下来吃早餐的时候，我以'早安，亲爱的'跟我太太打招呼，同时对她微笑，她被搞糊涂了，惊讶不已。我笑着对她说，今后我要把这种态度看成通常的事情，她高兴得像个小姑娘。连续一个星期下来，我觉得我们家的幸福比以前10年的还多。"

"现在，我会对办公大楼的电梯管理员微笑着说一声'早安'，我微笑着同大楼门口的警卫打招呼，我对地铁站的出纳员微笑，我会对那些来公司办事的不认识的客户微笑。他们也都冲着我微笑，还说我变成了一个快乐的人……"

微笑是一种含义深远的身体语言，仿佛是在说："你好，朋友！我愿意和你真诚地交往，我和你在一起感觉非常愉快。"

微笑是最好的交流工具，当年零售业巨头沃尔玛的"三米微笑"原则让其收获了巨大的成功。沃尔玛的山姆鼓励职员们说：我希望你们能保证，在离顾客三米之内时，用眼睛跟顾客取得交流，并微笑着问：你需要什么帮助吗？今天的沃尔玛拥有如此的成就和地位可以说与"三米微笑"原则是分不开的。

可见，微笑是消除人与人之间隔阂、促进人际关系最好的润滑剂。学会了微

笑，你的社交也更容易成功，你也更容易赢得别人的好感。

（1）微笑是叩开对方心灵的敲门砖

在与人初次打交道时，由于双方彼此不熟悉，对方必然会对你产生戒备心理，有意识地提防着你，紧闭自己的心灵之门。这往往不利于你的交际，有时甚至连很容易达成共识的问题也会出现分歧。

相反，如果你与对方一见面就主动展露自己的微笑，那么对方也会不自觉地把心灵之门打开，觉得你是个很容易沟通的人，为你们后面的畅谈奠定基础。

一家发行量很大的杂志社的主编，名片上除了姓名和联系方式，没有任何头衔，只印有一行字：你微笑，世界也微笑。每当他递出自己的名片时，都能看到对方会心的微笑。

可见，微笑是叩开对方心灵之门的敲门砖。用好了这块敲门砖，你就能快速赢得别人的好感，获得成功的社交。

（2）微笑让你在人际交往中更受欢迎

微笑，是人类传达亲和态度的表情。只有在我们心情好的时候，我们才会经常微笑；而只有会微笑的人，才能在人际交往中受到欢迎。

如果你稍加注意，就会发现，当别人冲你微笑时，你会产生一种被赞美和被认同的感觉，因此，你也能马上对对方产生好感，愿意同对方进一步交往。同样，别人也拥有和你一样的感受。没有人愿意和冷着脸的人深交，甚至连打个招呼都避之不及。

当你在微笑时，你的精神状态也最为轻松，全身的肌肉都处于松弛状态，而且，你的心理状态也相对稳定。当你那充满笑意的眼光与别人的目光接触时，你的笑意也会通过这道“无形的眼桥”传递给对方，让对方被你的快乐情绪所感染。自然而然地，你们彼此之间的气氛就会变得和谐，接下来的交流也变得更加容易。

美国密歇根大学心理学教授说：“面带微笑的人通常对处理事务、教导学生或者销售行为，都显得更有效，也更能培养快乐的孩子。笑容比皱眉头所传达的信息要多得多。”所以，微笑，能让我们的沟通变得更加顺畅。

（3）微笑也是可以培养出来的

成功者都是那些“倾洒阳光”的人。如果你能时刻以微笑面对他人，自然也能获得他人的好感。如果你在人际交往中不善于运用微笑，或者不知道如何微笑才更合适，那么不妨学学下面的小窍门。

微笑的时候，眼睛也要“微笑”，否则给人的感觉只能是更糟糕的“皮笑肉不笑”。“一条缝的眼睛”当然是大笑时的结果，但至少正常状况下应该让眼睛微眯，这样会令你的微笑看起来更传神、更亲切。在微笑的同时，可以说些“您好”“是啊”“嗯”“我同意”等礼貌用语，会让你显得更有亲和力。

另外，微笑也要与正确的身体语言相结合，才会相得益彰。也就是说，你绝不应该在微笑的时候还表现出一种消极的身体语言，如动作懒散，站没站相、坐没坐相，一副吊儿郎当的样子。这会让你的微笑看起来很假，难以赢得他人的好感。

（4）微笑也要选择合适的时机、场合，同时还要得体、适度

虽然微笑能促进社交的顺利进行，但也要选择合适的时机、场合和话题等。在愉悦的场合下，在轻松的气氛中，应该笑。然而在探视病人、承认错误、参加追悼会时，如果你还嘻嘻哈哈，一副见谁都自来熟的样子，就显得不合时宜了，会被大家所嫌恶。

同时，微笑也要得体适度。笑的时候要自然大方，扭扭捏捏、龇牙咧嘴的笑都会让人感觉不舒服。在交谈中，如果你能根据交谈的内容和情形自如地收放笑容，必要时再配合目光交流和手势、动作等，会让你的表现更出色。

微笑还要发自内心，皮笑肉不笑的微笑会在很大程度上降低你的亲和力。最有感染力、最具魅力的笑是露出八颗牙齿的笑容。如果你不知道怎样微笑，最行之有效的办法就是在镜子面前经常练习，假以时日，你的微笑一定会打动周围的人。

病从口入，祸从口出，小心在不经意间得罪人

俗话说：“病从口入，祸从口出。”口若悬河虽然能说明你的口才不错，但是，如果不注意时机、场合地发表自己的意见，不该自己说的时候却说个没完，必然会给自己带来麻烦。要知道，人与人之间的相处交往，最忌讳交浅言深。一旦说了别人不爱听的话，或者抢了别人的风头，很容易得罪人，引起对方的不满，影响你的正常交往。《三国演义》中的杨修，就是一个典型的因为口无遮拦、随便发表意见而丧命的例子。

杨修生性机敏，但却不懂得言多必失的道理，凡事都想发表自己的见解。

有一次，曹操在他很爱吃的酥点盒上写了“一合酥”三个字。杨修见了，说道：“这是一人一口酥的意思呀，是丞相让我们把点心分着吃了。”众人见他说得有道理，就把酥点分着吃了。事后，曹操心中十分不快，恐怕日后难以驾驭杨修，便开始对他有所提防。

曹操出兵汉中进攻刘备时，被困在斜谷界口。进攻，苦于被马超防守；收兵，又怕被蜀军耻笑。正在曹操犹豫不决时，夏侯惇入帐，禀请夜间口号。曹操随口答道：“鸡肋！鸡肋！”夏侯惇不知道“鸡肋”是什么意思，但又不敢问，只有传令众官兵“鸡肋”。

时任行军主簿的杨修听到“鸡肋”二字，便告诉随行的军士收拾行装，准备归程。夏侯惇不明白杨修的用意，杨修解释说：“通过今天的号令就知道，魏王不久后就要退兵回朝了。鸡肋，如果吃，没有肉；扔了，又有点可惜。现在进攻也不能得胜，班师回朝又怕被人耻笑，在这里也没什么用处，不如早点回去，所

以现在就先收拾行装，免得临行慌乱。”

曹操知道这个情况后，非常生气，遂以“扰乱军心”的罪名将杨修斩首了。

杨修就是因为总是随便发表自己的意见，说了不该说的话，才导致自己丢了性命。当然，现在我们不会因为一句话就丢了性命，但却可能影响人际关系的顺利进行。

说话是人际沟通的重要内容，也是我们待人接物的工具。为了适应环境的需要，你就得随时研究说话的艺术，融会贯通才行。同时，要把握好倾听的技巧，绝不在未听懂他人意图之前随便开口说话，更不可带有情绪去评论别人，甚至揭别人的底。

具体来说，该如何控制自己的说话方式，不至于因为随便发表意见而得罪人呢？

（1）谨言慎行，学会做一个听众而不是“是非人”

如果你刚到一个新的环境中，里面的人都对你表示友善而欢迎的态度，大家一起谈天说地，有说有笑，无所不谈。但其中一人可能跟你很谈得来，乐意将他了解的一些问题及每位到场者的性格告诉你。你本来对这些人并不熟识，自然也很珍惜这位“知无不言，言无不尽”的知音，彼此谈得相当投机。

这时，你也会慢慢开始戒除自己的防卫，看到什么不顺眼、不服气的事，可能就会与这位“知音”诉说，甚至批评其他人的不当之处。如果对方永远是你的忠心支持者，问题自然不大。但如果你对对方了解也不多，那么可能“来说是非者，便是是非人”。为图一时之快，你说了一些不该说的话，如果对方把你曾批评其他人的话公之于众，那时你在这个小圈子中还能立足吗？

所以，在不了解周围环境及人的情况下，最好先做个忠实的听众，多听听大家都在说什么，然后不妨找一些比较中性的话题跟大家聊聊，同时注意，不要发表过多你自己的显得有些偏激的意见。

谨言慎行，勿交浅言深，勿论人是非，对他人的抱怨保持缄默的态度，别人便无法从你这里抓到任何可以攻击的话柄，更不会窥视你的内心，参透你的思想。而低调的你也因此可以从他人的是非争论中解脱出来，他人也更不会把攻击的矛头指向你。

（2）对自己不懂的事情不随便发表意见

有的人喜欢说话的程度简直到了痴迷的地步，自己懂的一定要说，自己不懂的也要抢着发表意见，结果闹出了很多笑话。要知道，一个人不可能什么事都懂，对于自己不懂的，就应该多虚心向别人请教，而不是不懂装懂，惹人反感。

对一些事情不懂，即便你不说话，别人也不知道你懂不懂，这样也不会对你产生轻视。而如果对自己不懂的事也要发表意见，难免漏洞百出，让别人看出你的浅薄，别人还可能因为你的不懂装懂而对你产生负面看法。尤其是一些初入社会的年轻人，在这方面更要多加修炼。“知之为知之，不知为不知，是知也”，不要把自己的浅薄暴露在别人面前，这才是赢得欢迎的好方法。

（3）把握好发表自己意见的关键时机

孔子在《论语·季氏》里说：“言未及之而言谓之躁，言及之而不言谓之隐，不见颜色而言谓之瞽。”这句话的意思是说：“不该说话的时候说了，叫作急躁；应该说话的时候却不说，叫作隐瞒；不看对方的脸色变化，贸然信口开河，叫作闭着眼睛说瞎话。”

这里讲的三种说话方式，其实都是指没有掌握好说话的时机。与人沟通、交往的过程中，最重要的就是双方的愉快交流，这就需要交流的双方彼此都要注意说话的策略与技巧，千万不要因为说错话而失去交谈的机会。

所以，如果你想就某事发表一下自己的意见，也一定要注意分寸，说话前仔细思考一下，弄清什么时候该说哪句话，什么时候绝对不能说哪句话。说话与做菜一样，都是非常讲究“火候”的。恰到好处时，一句话即可道出语中意。

所以，要会说话、说好话，就不要因为自己的话语不当而毁掉自己的人脉。

懂得退让，没理不要争辩，有理也要让人

人们常说：“有理走遍天下，无理寸步难行。”这句话本来就是一句至理名言，但至理名言向前迈一步，就成了谬误。有些人曲解了这句话的意思，好像得理就一定要走遍天下，得理就一定要理直气壮，得理就一定不能让人，甚至可以无所顾忌。其实，“理直”也应该“气和”。在人际交往中，没理时不能胡乱搅局；即便有理，也不能得理不让人，而应该得理也要宽容大度，让别人三分。

在我们的现实生活中，有不少冲突都源于一方或双方纠缠不清或得理不让人，一定要小事大闹，争个胜负，结果矛盾越闹越大，事情越搞越僵，对彼此的关系都没有好处。此时，如果能“得理让人”，大度一点、宽容一点，往往是一种更有效的处事方式。

有一次，美国总统柯立芝批评他的女秘书说：“你这件衣服很漂亮，你真是一个迷人的小姐。只是我希望你打印文件时注意一下标点符号，让你打的文件像你一样可爱。”女秘书对这次批评印象非常深刻，从此打印文件也很少出错。

身为美国总统，柯立芝可算是当时世界上最有权势的人之一了，而说话能如此委婉、客气，正是他好修养、好气度的体现。假如他换一种盛气凌人的口吻呵斥秘书：“你是怎么搞的！连标点符号都搞不清楚，亏你还是某大学毕业的！”这样的训斥只能让对方感到反感，达不到纠正对方的目的。

说话是一门艺术。所谓“良言一句三冬暖，恶语伤人六月寒”，说的正是这个道理。在我们身边有很多人，甚至包括我们自己，有时说话的立足点和出发点是好的，但由于不注意说话艺术，可能会导致无谓的误解和争端。我们应该明白，与我们交往的不一定都是度量不凡的超人，更不是修炼到家的圣人，他们都是感

情丰富的常人，甚至是充满偏见、傲慢和虚荣的怪人。超人和圣人可以虚怀若谷地接受别人的批评，但常人不能，怪人更不能。此时，如果你得理不饶人，恐怕最终的结果只能是伤人伤己。

（1）得理也要学会饶人，这样才能避免争吵或纠纷

除了玩笑之外，有一种说话方式最伤人，那就是咄咄逼人、得理不饶人。经常这样说话的人，通常口气都很生硬，嘴上功夫厉害得不得了，在生活或工作中，也经常习惯性地发挥他们的辩才，直到把他人辩得哑口无言、脸红脖子粗还不会放过。而这样的人，也是最容易得罪人的。在生活中，不论他自己有理没理，一旦开口说话，就绝不会认输，而且也不会输，因为他有本事抓住你语言上的一丝丝漏洞，然后驳得你猝不及防，更无招架之力。在谈判桌上、辩论会上，这种人也许是个人才，但在日常的生活与工作中，这种人反而容易引发争吵或纠纷，原因就出在他的“得理不饶人”上。

做人该方的时候要方，该圆的时候要圆，在很多事上都要做到“得饶人处且饶人”，即使知道自己的话、自己的观点是正确的，在说服他人的时候，也要力保对方的面子，并以此为切入点，让别人接受自己的观点。而他人也会以其宽容、明智接纳你，并愿意与你成为朋友，从而让自己的社交之路越走越宽。

（2）成全别人的好胜心，会让别人更加喜欢你

每个人都或多或少地有一点好胜心，如果你能明白这一点，在合适的时候，适当成全一些别人的好胜心，那么会让别人对你更有好感。要做到这一点也很容易，只要你偶尔暴露一些自己身上无关紧要的小毛病就可以了。

例如，在说到某个话题时，你在明明很了解的情况下，故意说错一些小细节，给别人纠正的机会，并对别人的纠正给出非常谦虚的认可态度，那么对方会马上对你产生好感，并愿意就此与你讨论，以展示他的博学。如果你愿意做个谦虚的倾听者，那么你与对方也一定能愉快地畅聊下去。

错误的做法就是：当别人在某些小细节上说错时，你当众指出或批评他，而且是以一副得理不让人的态度，这是很难赢得人心的，对方也会因为你没有给他留面子而对你产生反感。

所以，即便你真理在握，也要尽量不声不响，让自己显得谦虚、低调平和，颇具君子风度。这样，你也能拥有一种天然的向心力，让更多的人愿意靠近你，与你交往。

（3）换个角度为他人着想，用宽容包容对方

在谈论一件事时，从每个人自己的立场来看，他们也许觉得这样说就是对的。只不过因为每个人都坚持自己的想法或意见，无法将心比心、设身处地地去考虑对方的感受，所以也不能站在对方的立场去为他人着想，冲突与争执也容易就此产生。

在人际交往中，如果我们能将心胸放宽一些，拥有一颗善解人意的心，凡事都以“他这样说也许是对的”的观点，来先为别人考虑，那么很多不必要的冲突与争执就能够避免。

例如，当你被别人误会或受到别人指责时，如果你反复解释或还击，结果可能是越描越黑。相反，如果你换个角度来想，站在对方的角度来想，或许觉得对方说得也有一定的道理。此时，我们大可不必非要争个高低胜负，不妨宽容一点，装装糊涂，将大事化小、小事化了，一场纠纷或许也就避免了。

口无遮拦地表达你的内心想法，只会让你的沟通失败

我们常常说某个人说话“心直口快”，不会藏着掖着，很直爽。这是一个人性格直接的表现，但有时如果说话真的“心直口快”，说话不经过大脑，一下就从嘴里说出来了，也不见得是件好事，有时可能会很伤别人的自尊，影响自己的人际交往。

说话是一门语言艺术，如何运用好这门艺术，让自己在人际交往中如鱼得水，是需要一定智慧的。不同的词汇组合，不同的语气，不同的说话方式等，都会产生不同的效果。所以，在与人交谈或聊天时，尽量管好自己的嘴，别说话不经过思考，想起什么说什么。即使真遇到令自己生厌的事，也要三思后再开口，免得引起别人的反感，甚至引发纠纷。

一位非常丰满的妇人走进一家服装店，刚一进去，售货小姐就对她说：“大婶，您太胖了，我们这儿没有你能穿的衣服。”

这位妇人正想反驳，那位小姐又加上一句：“不过年纪大了，还是胖一点比较好。”

妇人气得已经不知说什么好了，此时，老板娘从后面出来了，这位妇人马上告状：“我今天怎么一进店，你们店员就把我说得又老又胖的！”

老板娘很不好意思地赶紧赔不是，可妇人没想到，老板娘的话再一次伤害了她：“我们这位店员是从乡下来的，特别不会说话，总是把真话直接说出来。”听到老板娘的这句话，妇人简直快气晕了，本来还打算挑件衣服的，结果转身就离开了。

显然，售货员和老板娘都有一说一、有二说二的人，说话过于直接。虽然是在说实话，但这样的说话方式肯定刺伤了妇人的自尊。在某些特定的场合下，说话太直，不仅伤害到别人，还给自己招来了麻烦，影响了生意。

我们身边也经常有这样的人，说话直来直去，口无遮拦。虽然这是一种好的品行，不拐弯抹角，但有时却让我们感到很无奈，毕竟直爽也得分时候、看场合。

因此，有些话不要直说，想要表达自己的感想或不满时，可以旁敲侧击，迂回曲折地说，采用委婉的方式表达出来。

（1）迂回曲折地说，采用委婉的方式表达出来

在社会交往中，人与人之间的关系是一种很微妙的“化学反应”，一句不中听的话就可能让关系恶化。由于多方面原因所限，你不能保证你想的或说的都对，而且听者的接受能力也不同。有些人即使表面上接受，内心深处也许并不认可。即使小部分人能容忍你的“造次”，但他们更喜欢婉转的提醒。因为你的直言否定了他的智慧和判断力，让他的荣耀和自尊心受到了伤害，让他在别人面前下不了台。一旦遇到小肚鸡肠的人，下次可能会找机会与你明争暗斗，损害你的形象和声誉。

可见，不分青红皂白、不讲究方式方法的直言快语，往往带来不良后果。所以，说话时还是要三思而后“说”，千万别让直来直去的话伤人伤己。如果你能把不宜直言的话题，旁敲侧击，绕个弯儿说出来，效果可能更好。这样既不会伤害别人，也可以表达自己的心中所想，不致有违心之言，比起说得太直接更容易达到说话的目的。

（2）说话毫无禁忌不是直爽，是不懂说话的艺术

有些人快言快语，有什么说什么，如果大家都是在一个熟悉的环境里，彼此比较了解，知道这是他的个性，可能也不会计较。但若在陌生的环境中，周围的人也都不熟悉，再不分场合地点、不分谈话对象地一律口对着心，心里想什么就说什么，这是非常不可取的。

要知道，直爽并不等于言语毫无顾忌。那些因说话只图一时之快而得罪人的人，问题就出在方法上。比如你想批评别人，虽然你心地坦白，毫无恶意，但因为没有考虑到场合，也没有考虑到对方的感受，就直接说出来，很容易让被批评者下不了台，面子上过不去，对你产生反感。

在这种情况下，你不妨讲究点说话的艺术，对对方的缺点稍加暗示，让对方自己去领会，给对方留下回旋的余地，这样的做法也更具吸引力和说服力。委婉的语言体现了一个人驾驭语言的能力，不仅是一种策略，更是一门艺术。

（3）运用恰当的幽默来提醒对方的不当之处

在工作和生活中，我们经常会对别人的观点或某些做法不认可，这时可能需要给对方提一些意见。如果你理直气壮地直接把意见提出来，对方可能会感到不满，甚至认为你是刻意给他难堪，从而不认同你的看法，觉得你是个狂妄自大的人。你本来一片好心，对方反而误解了。

既然如此，我们不妨换种方式。比如，运用适当的幽默来提醒对方，将你的意见融入到幽默之中。幽默是人际关系的润滑剂，当你对对方的做法不满时，可以利用幽默来向对方表达一下自己心目中的意见，这样，大家心照不宣，心里也不会出现什么隔阂，不仅发表了自己的看法，也给对方留了面子。如此巧妙地解决问题，比直来直去的效果好得多。

（4）温言委婉地暗示，才能给人留下回旋余地

说话直来直去自然算不上是坏事，但有时直言快语就如同一把利剑一样，既伤别人的面子，也伤害别人的自尊心。要知道，每个人都喜欢听美酒一样的良言。既然如此，遇到一些必须讲却难以启齿或明确知道直接说出来会引起对方反感、难过的话，不妨多个心眼儿，用温言委婉的说法加以暗示，给对方留下回旋的余地，既不伤害对方，又能让自己的话语更有吸引力、说服力和感染力。

而且，委婉地说话往往也能体现一个人驾驭语言的能力，这不仅是一种策略，更是一门艺术。用好了，就能让你好、我好、大家都好。

正话反说，直击对方内心深处

在人际交往中，我们常常需要通过讲道理来说服别人。学会在合适的时候说合适的话，就是要学会察言观色、把握时机，根据不同的对象、不同的场合，说恰如其分的话。有些话如果直接说出来，可能会令对方难以接受。为避免尴尬，你不妨正话反说，让自己说出来的意思与本意完全相反，让听者自己去领悟，这样反过来说的话可能会将原本很困难的事情变得容易很多，而且也不至于引起对方的不快。

战国时期，齐景公手下有一个机智的大臣名叫晏子，他尤其擅长通过正话反说的方式向对方传递自己的信息，从而达到操纵他人心理的目的。

有一次，一个人得罪了齐景公。齐景公盛怒之下命人把这个罪人绑起来，并召来武士，准备把这个人处以肢解之刑。为了防止别人干预他的杀人举动，他甚至下令："有敢于劝谏者，也定斩不误。"文武百官谁也不敢上前自讨杀头之冤。

晏子见状，便急忙上前说："让我先试第一刀。"众人都觉得十分奇怪：相国平时是从不亲手杀生的，今天这是怎么了？只见晏子左手抓着犯人的头，右手磨着刀，突然仰面向坐在一旁的齐景公问道："古代贤明的君主要肢解人，大王知道从哪里开始下刀吗？"

齐景公听了这话，突然醒悟过来，意识到自己的过错，于是连忙释放了犯人。

这个故事告诉我们：正话反说可以放大荒谬，让人更加清楚地了解荒谬的真面目，从而达到更好的劝谏效果，让对方在不自觉之中领悟到自己行为的不妥，从而扭转错误的局面。

所以，当你在与别人说话、聊天，遇到要劝解或说服对方时，不妨也试试这一说话的技巧。

（1）遇到难接口的话题时，不妨让自己的舌头转个弯再说

与人交往时，难免会遇到一些让人为难的话题，对方希望你能支持他的意见，可你对对方的意见又不认可。在这种情况下，如果你直言相告，可能会引起对方的不快，进而影响接下来的沟通和交流。

此时，最好的方法就是让自己的舌头在嘴里转个弯再讲，把要正面表达的观点，用反面的话语表达出来，而且还要点到为止。例如，对方说抽烟有很多好处，如解乏、解忧、排遣寂寞等，至于健康问题，影响不大。你不认可这种观点，但直接反对，可能显得过于生硬，这时你不妨给对方讲个小故事：据说有一则宣传戒烟的公益广告是这样说的——抽烟有四大好处：一省布料：因为吸烟易患肺痨，导致驼背，身体萎缩；二可防贼：抽烟的人常患气管炎，通宵咳嗽不止，贼以为主人没睡，就不敢行窃；三可防蚊：浓烈的烟雾熏得蚊子受不了，只得远远地避开；四永葆青春：不等年老便已去世。

对方听了这段话，立刻就能理解你的观点了，同时还会因为你的幽默诙谐而对你刮目相看，在一种比较舒坦的氛围中欣然接受你所传达出来的信息，而你也达到了比直言陈说更为有效的说服、沟通的目的。

（2）正话反说，更容易让人接受

正话反说是一种实际的意思跟表面的意思正好相反的说话方法。当我们做了让对方感到不愉快的事情时，巧妙地运用正话反说，可能会收到更好的效果。

有一个顽童，大年三十那天，一大早便出门找伙伴玩。不大一会儿，他发现自己头上崭新的帽子丢了，于是心惊胆战地跑回家，跟妈妈“汇报”情况。

要是在平时，妈妈一定会大声斥责孩子，可想到今天过年，不能骂孩子，于是就强忍着怒火没发出来。这时，来家里串门的邻居王叔叔听了，就笑着说：“娃娃的帽子丢了，这是好事呀，这不正好意味着‘出头’了吗？今年你一定走好运，有好日子过啦！”

一句话，说得孩子的妈妈转怒为喜，并附和着说：“对，对，娃娃从此出头了！”

邻居的一句话，收到了很好的效果。如果当时邻居直接说“过年怎么能丢帽子呢”“丢帽子可不好”等不吉利的话，孩子的妈妈肯定更生气了。而邻居反而说丢帽子是“出头”了，一句话立刻就避免了尴尬局面的发生。

（3）正话反说地运用幽默，说话效果更明显

在与别人面对面交流中，我们也可以适当运用一些正话反说的幽默技巧，让自己的说话效果不但更明显，还能化解很多尴尬。

有一次，英国前首相丘吉尔为了参加一场演讲，超速开车，以致被一名年轻警员给拦住了。

“我是首相丘吉尔。”丘吉尔不慌不忙地说。

“乱说，你一定是个冒牌货！”警官这么一说之后，要求丘吉尔接受惩罚。

结果，丘吉尔说：“你猜对了！我就是冒牌货！”

这么一来，警官马上面露微笑，放过了这位世界著名的伟人。

丘吉尔在一本正经地表明自己身份的时候，被警官怀疑。然后，他就换了一种方式，正话反说，这样反而让警官摸不清虚实，使得警官只好抱着一种“宁可信其有，不可信其无”的心态放过了他。

当我们需要表达内心的不满时，也可以使用正话反说的幽默技巧，让别人听起来更顺耳一些。

（4）正话反说也要注意场合，做到恰如其分

在客客气气的社交场合中，直话直说是致命伤。别误会，这不是在鼓励你说谎，而是说讲话是一门高深的艺术。一个人只有注意说话时的环境，将正话反说做到恰如其分，才能取得良好的说话效果。如果不看场合，胡乱说反话，很可能会碰钉子，惹人反感。

心理学家告诉我们，在不同的场合环境中，人们对他人的话语有不同的感受、理解，并表现出不同的心理承受能力。正因为受特定场合心理的制约，有些话在某些特定环境中说比较好，但在另外的场合中说未必佳；同样的一句话，在这里说和在那里说效果就不一样。

比如，在商务谈判过程中，本来你应该直接表达你的观点，可你绕来绕去，想要展现自己正话反说的口才艺术，结果可能让对方听得云里雾里，不知所云，

自然也难以准确地领会你的意思。这对接下来的谈判不但不利，反而还让对方反感，觉得你故意卖弄，不懂谈判技巧等。

说什么，怎么说，何时说，一定要顾及说话的环境。唯有巧妙地利用语境，做到恰如其分，才能让你的话语达到你想要的效果。

说话不能太绝，时刻为自己留有余地

但凡社交老手，都懂得“逢人只说三分话”这一社交原则，把话说得太绝不是一种好习惯，因为人说话留有空间，便不会因为话说得过满而出现控制不住局面的情况，让自己下不了台。

在我们身边，经常有些人因为话说得太绝而影响了社交关系，这就犹如将杯中倒满了水，再倒就会溢出来；也像气球中已吹满了气，再吹气球就会爆炸一样。当然，有时将话说得很绝也能达到自己的目的，但事情总可能有意外，不可能每次都如愿以偿，一旦发生意外，就可能使情况出现变故，而这些意外往往不是我们所能掌控的，最后可能只能由我们自己来承担这个后果。

在一列列车上，一位推销员不停地推销自己的产品：一种螺旋状的袜子。为了表明这种袜子的透气性，推销员随手拿起一只袜子，说：“来帮帮忙，拿住袜子一端，使劲儿拉。”说着，他就和一位顾客对拉起来，袜子的韧性的确很好。接着，他又拿起一根长长的针，在拉得绷直的袜子上来回划动，袜子也没有损伤。推销员就说：“大家看，这种袜子不易抽丝。”紧接着，他又拿起打火机，在袜子下面快速晃动，火苗穿过袜子，而袜子也未受到损伤。

在他的一番介绍后，袜子在顾客手中传看。一位顾客有意地拿起针，只轻轻一划，就在袜子上划了个洞。原来，袜子如果顺着纹理划就不易划破，并不是根本划不破。另一位顾客见状，又用打火机烧，急得推销员赶忙补充说：“袜子并不是烧不着，我只是证明它的透气性好。”

最后，大家终于明白了怎么回事，袜子的质量虽然很好，但推销员说话太夸张的态度，还是明显影响了顾客的消费情绪。

把话说得太绝对，不留余地，结果成功还好，一旦失败，自己就会陷入难堪的境地，甚至会为此付出沉重的代价。

因此，与其拍胸脯、打包票地把话说绝，还不如改变一下说话的方式，多用一些模棱两可、不确定的话语，这样反而会给自己留下余地。正如杯中留有空间，就不会因为加入一滴水而溢出；气球留有空间，就不会因为吹入一丝空气而发生爆炸。我们说话时懂得留有空间，才不会因为“意外”事件的发生让自己下不了台。

那么，怎样才能避免将话说得太绝对呢？

（1）用一些不确定的词语，降低对方的期望值

在与人交谈时，即使我们对某件事有绝对的把握，也不要把话说得太绝对，因为绝对的东西更容易引起他人的挑剔。而如果对方真有意挑剔，找你的麻烦，你可能还真逃不掉，毕竟再完美的事情都会有瑕疵存在。

与其给别人个挑刺的借口，不如自己把话说得委婉一点，不但不给对方留下话柄，还让我们有广阔的空间与对方周旋。

很多政要、新闻发言人在接受记者采访时，都偏爱用“诸如”、“尽量”、“或许”、“研究”、“评估”、“征询各方面意见”等不肯定的字眼。之所以如此，是因为他们能给自己留出一点空间好容纳“意外”，否则一下子把话说绝了，结果事与愿违，会让自己很难堪。

所以，我们在说话时，也可以适当使用一些类似的不确定词语，降低对方对你的期望值。这样即使你的话不能实现，也不至于让对方对你太过失望，认为你吹牛、不谦虚、说大话；而如果能出色地完成任务，对方还会感到意外惊喜，对你刮目相看。

（2）把话说得圆润些，给自己留出回旋的余地

在生活当中，我们不能让某件事沿着某个特定的方向发展到极端，而应该在发展的过程中认识到有多种可能的存在，以便自己能有足够的回旋余地，采取机动的应对措施。

交谈、聊天中也是如此，如果我们为了某个目的与别人交谈，那么话就要尽量说得圆润一些，不能太直、太绝对，也不能过早下结论，更不能口出狂言、恶言，不轻易说“势不两立”之类的话。如果你能把话说得尽量圆润些，比如用一些幽默的言语，站在对方的角度，为对方着想，说出来的话也能让对方感觉到你的真诚、可靠、可信，同时还给自己和他人留了余地，顺利地达到我们交谈的目的。

（3）逢人只说三分话，留下七分自己赏

俗话说：“逢人只说三分话，留下七分自己赏。”有些人也许以为：大丈夫做事、说话就要光明磊落，事无不可对人言，何必只说三分话呢？

而一些社交场上的高手，在与人交谈时的确只说三分话，时刻都会为自己留条后路。可能你认为他们很狡猾，不诚实，其实这是一种非常高超的社交方法。

孔子说：“不得其人而言，谓之失言。”对方倘若不是深相知的人，你也畅所欲言，以快一时，对方的反应会如何呢？要么反感，认为你是个不谦虚之人；要么从中挑刺，给你难堪。

有生活经验的人，通常只说三分话，不是不可以说，而是不需要说、不必说、不应该说。这与“事无不可对人言”没有什么冲突。只说三分话，留下七分自己慢慢揣摩、欣赏才是明智之举。

说话前还要看对方是什么人。如果对方不是可以尽言的人，你说三分真话，已经不少了。说多了，对人对己可能都没什么好处。彼此关系浅薄，你与之深谈，显出你缺少修养；你说的话涉及对方的事，你不是他的诤友，只会显出你的冒昧；你说的话属于国家大事，却又没搞清对方的立场，高谈阔论只能招灾惹祸。

总之，人际交往中最大的智慧就在于懂得给自己留点余地，说话要有弹性，做事得有分寸，凡事都要有灵活的安排，让进退的空间变得更大。如果能做到这点，你也就不会被自己沉重的负担压得喘不过气来，活得也就更轻松了。

简练、准确，才是会说话的重要标准

人们最讨厌废话连篇、半天说不到点子上的人，相信你也如此。话语简练，言简意赅，不说废话，这才能显得说话的人干练。正所谓“言不在多，达意则灵”，我们应用最凝练的话语来表达尽可能丰富的思想和含义。

在当今这个讲求效率的时代，仔细想清楚后，再以从容不迫的节奏把你想说的话说出来，用简洁、明快、思路清晰的语言代替那些穿靴戴帽、繁文缛节的空话和套话，尤其在工作和外出办事时，更要有这种说话效率。

有人说话时喜欢引经据典或长篇大论，经常让听者晕头转向，不知所云。事实上，这种说话方式远不及简短的几句关键语更有效果。不要以为简短的讲话很容易，事实上，一番简练、精彩的讲话，所费的脑细胞比那些长篇大论要多得多。因为繁琐的话在说出来时是不经过大脑过滤的，想起来就说，而简练的话却需要认真归纳、精炼，才能达到最佳效果。

有人问美国第 28 任总统伍德罗·威尔逊：“您准备一份十分钟的讲稿，得花多少时间？”

威尔逊回答说：“两个星期。”

“准备一份一小时的讲稿呢？”

“一个星期。”

“两小时的讲稿呢？”

“不用准备，马上就可以讲。”

这是什么道理呢？很容易理解，因为要表达同一个意思，你说得越多，压缩内容的任务就越轻，自然所需准备的时间就少了。反之，你话说得越少，还要把意思表达出来，就必然要努力压缩文字，力求将主要内容清晰地传达给听众，这当然要多花时间、大伤脑筋了。

总之，话不在多，说得好才行。简练、准确，才是会说话、说好话的一项重要标准。

（1）多练习，养成说话言简意赅的习惯

不管是多复杂的现象、多深奥的思想，说到底也就是几点经过概括和抽象后的认识。

而这些认识就是话语的精华、核心、本质，只要你能抓住它，就能提纲挈领、一通百通。

所以，在交谈时，如果你能用极为简明的语言，条理清晰地将自己的观点表达出来，或将对方思想、观点上的实质部分一一揭露，就能收到“片言以居要，一目能传神”的效果。

在一次亚洲大专辩论赛中，中国香港中文大学队与新加坡国立大学队，针对“个人利己主义是社会进步的最重要因素”的辩题进行辩论。新加坡国立大学队为正方，中国香港中文大学队为反方，双方争辩激烈，相持不下。

这时，中国香港中文大学队的一个队员指出：“孙中山先生领导辛亥革命，推翻了中国两千多年的封建统治，难道是因为个人功利主义吗？爱迪生发明电灯，造福全人类，难道也是因为个人功利主义吗？”

此话虽然简短，但一针见血、切中要害，具有几乎不可辩驳的威力。

俗话说：“秤砣虽小压千斤”，画龙点睛的语句就像秤砣一般，能在关键时刻发挥极为重要的作用。它包含着说话者高度浓缩的思想、感情、智能和力量，所以具有以少胜多、点石成金的特殊作用。

怎样说话才能言简意赅呢？就要靠自己平时多练习，与人交谈时多使用结构较为简单、形式较为短小的句子。日本著名随笔作家山本夏彦曾经说：

“写文章最后的阶段，要修改成好文章的秘诀是：删减、删减、再删减。”

说话也是一样，也需要我们“去粗取精”。多练习、勤练习，你也能拥有出色的口才能力。

（2）把重点放在对方感兴趣的话题上

在与人交流时，如果你想让对方欣赏你、接纳你，那么首先就要懂得尊重对方，让对方觉得他自己是个重要的人物，满足他的成就感。

同时，再选择他感兴趣的话题交流，让对方多表达他的优点和长处，如他的兴趣、他的事业、他的高尔夫积分、他的成功、他的孩子、他的旅行，等等。

在与对方聊这些话题前，要尽量考虑周到，倾听时也要表现出极大的耐心，抱着一种开阔的心胸，表现出你的真诚，同时配合你们彼此交流的话题。

（3）用语凝练，简短的语言也能表达出完整的思想

古语有云：“增一字则密，删一字则疏。”由此可见语言简洁的重要性。要把话说得恰到好处，就要让语言尽量精炼、简洁，用最凝练的话语来表达尽可能丰富的思想。

说话时，当你想表达简单的含义时，自然用字简短；而要表达一个比较复杂的含义时，可能就有些难度了。但你也要尽量将冗长复杂的语言结构、内容等，转化成比较简单的短句。在表达时，只要不影响意思的传达和理解，语言形式还是以简短、精练为宜。要达到这个目的，你在说话前就要把自己想说的话在大脑中快速提炼成点，这样在说出来后才不至于过于烦琐、混乱，同时还能做到逻辑清晰，有条有理。

（4）简练的语言也要联系实际，不能生硬地掐头去尾

说话简练，将繁琐的说话内容提炼成点，可以让你的语言变得更精确，说起来更有效率。但也要注意，简练的话语也要从实际效果出发，简得适当，恰到好处，不能一味地为了简练而生硬地掐头去尾，这样很可能会挂一漏万，达不到你期望中的说话效果。

邹韬奋先生在公祭鲁迅先生的大会上只讲了一句话，这句话是：“今天天色不早，我愿用一句话来纪念先生：许多人是不战而屈，鲁迅先生是战而不屈。”

这句话可谓短得无法再短，但是语义丰富，令人久久回味。而恩格斯在马克思墓前的演讲长达 15 分钟，却也是世界上公认最好的演讲之一。

由此可见，讲话不论是短是长，都要以恰当为前提，该繁则繁，能简则简。说话时要分场合、看情况，有时需要简练，则惜言如金；有时也需要详述，则娓娓道来。只有掌握好这个规律，你的话才会说得越来越有水平。

第四章

最好的交谈，是能够化解“行动的障碍”

假设一些新的问题，让交谈成为有益的讨论

聊天是一个多人参与的“思维共振”过程。我们要假设一些“可预知”的问题，交换不同的意见和想法，再由另一个人做出解答和提出疑问。我们在沟通中围绕一个明确的思路化解分歧，最后很多问题都会变得“不再是问题”，从而化解和减少行动的障碍。

我们日常生活中的“聊天”，通常具有自由随意、无方向性、不可预见等特征，但即使是朋友间的“随便聊聊”，聊天这种“行为”也有其特定的构成与流程。首先，聊天中必然会有一个或数个话题。其次，聊天的目的是互相沟通，让大家感到开心，增加见识，解决困惑。所以，当聊天渐渐冷场时，我们可以假设一些新的问题，加入新的养分，让对话重新成为有益的讨论。

有问才有答。没有问题，聊天就失去了意义。我们要做的是尽可能地提问，通过新鲜的问题去引导他人，而不是成为专家或知识的掌控者，将所知道的答案和解决方案告诉他人，以展示自己的分析有多么正确，自己是多么聪明。后者的聊天方式是枯燥的，也是不讨人喜欢的。

在聊天中可以充分发挥你的想象力

1. 用想象力增添谈话的乐趣

我们都喜欢充满想象力的人。他们天马行空，思路开阔，有创意。与这样的人聊天，会打开眼界，时不时地还会碰撞出灵感的火花。在聊天中，想象力是很好的气氛调节剂。当你感觉快要冷场时，不妨抛出一些具有想象力的话题，把昏昏欲睡的人们从无聊的状态中吸引进来。

我上高中时，语文老师曾在课堂上做了一个小游戏。他让每个人说一句话，想说什么就说什么，把话题延伸下去。老师率先抛出了一个话题："今天天气不错。"接下来，第一个同学说："可我不能出去玩。"第二个同学说："因为要考试。"第三个同学说："总是考不好，回家又得挨训……"就这样接下去十多个同学，话题一直围绕着学习考试。

记住，直到第 16 个同学，他恶作剧地说："天啊！地震了！"

此时教室里面哄堂大笑，但这个话题忽然变得有意思起来。大概是受到了这位同学的启发，接下来很多人开始大胆地说出一些富有想象力的话题。有人说外星人，有人说冰河时代，有人说动物要造反……课堂的气氛顿时变得异常活跃。

2. 用想象力增加探讨问题的积极性

想象力创造或者补充了现实中不存在或者不可能发生的事，所以会让人们对一些事物产生"弥合心理"——虽然现实中难以得到，但我总能通过想象来让心理得到满足感。这种心理的产生，又会使人在交谈中相互取悦，增加谈话的乐趣。

在工作中，假设性的问题作为一种外在的激励，将未来可能会发生的好事提前兑现于当前的场景，能够迅速鼓舞士气。在管理沟通中，优秀的管理者很擅长这种方式。

例如，在一个工作报告的讨论中，经理说："假如这次工作完成得非常好，我们明天就可以一起去游乐园玩一天。"工作做好了，公司提供公费旅游。下属在听到这种话题时，通常会热情高涨，调动起最大的积极性深入工作业务的讨论中。如果经理觉得工作报告有很多的不足，他也可以说："假设你自己是经理，工作报告的形式应该是什么样的才能方便阅览？"这种假设性的想象力，能让人们产生置身其中的感觉，从而增加问题讨论的积极性。因为下属听到的是"假设你是经理"，这个话题的吸引力是非常强的。

正因为想象力本身具有无穷的魅力，吸引着人们探索与思考，赋予了一个主题或一件事物本身无限的光芒。当受到假设问题的引导后，抽象的问题也会具象化。人们对于问题本身自然而然地就加强了探讨的积极性。效果好的话，还可以收获到更多的意想不到的创意。所以，我在对话培训的项目中，总是鼓励参与者释放大脑的想象力，能够创造性地聊天，因为这样做可以为一个人的人格魅力极大地加分。

3. 用想象力补充谈话的内容

很多谈话或许多少都带有一些仪式性（比如公司每周一次的例会），讨论的固化模式也使得交谈本身也成了一种仪式的产物。那么，时间久了以后，人们参加这种讨论时就会兴趣全无，也许全程都睡眼蒙胧。

哈佛大学的一位社交关系学家说：“仪式感太强的讨论让人们的灵感枯竭，也让讨论的氛围变得无趣。除了少数主导者外，多数人麻木地坐在这里，看起来都说了些东西，可实际上心里都在数星星。”

这是一种集体走神的氛围。如何让谈话变得有趣起来？在明确你要缓解氛围的意图之后，直接的做法是尽量补充谈话的内容，用设想的方式，引导人们说出内心真正的想法（不再应付式沟通和程序式地聊天），从参与者那里获取更多的意见和建议。另外，要鼓励大家建言献策，主动性强的聊天不仅能锻炼思维能力，还能提高人们的责任意识。

拿破仑曾经说过：“想象力统治着这个世界。”假设一些新的问题，这些问题就有可能成为我们获取答案的钥匙。有想象力的人，他们当然也具有创新的潜力。知识和理论本身是有限的，所以能推动这个世界进步的是创新和想象力，而它往往就体现在一次又一次的沟通环节中。

总而言之，在现实中那些毫无头绪、让人瞌睡的讨论中，要多加一些“假设”，多提一些假设性、建设性的问题，避开无意义的想象，话题之路就会越走越宽，思路也就会越来越清晰。

假设问题可减少行动障碍

现在我们知道，好的聊天内容一定需要主题和想象力的支撑。不过，我们仍要注意想象力的范围，不要扯得太远，偏离了主题。在主要事件交代过后，适当地进行延展性讨论，对未来进行展望和预测，这样可以减少行动的障碍，降低事件的未知性。这对于正讨论的事件本身来说是积极的，因为我们的目的是解决问题。

1.“假设问题”可引发充分的讨论

很多时候，我们不能完全把握事情的全貌，在发表看法或采取行动时总会产生畏惧和犹豫。所以，在行动之前需要进行全面的思考和必要的多样性的讨论。简单地说，就是要把问题聊透，产生成熟的观点，再采取行动。

深入的讨论是一个思维共振的过程。要假设一些可预知的问题，大家交换意见和想法，说出自己的见解和担忧，再由另一个人做出解答和疑问。各种想法相辅相成，最后很多问题都会变得“不再是问题”，这样非常有利于减少行动的障碍。

即使问题在充分的讨论中没有得到解决，当未来的问题出现时，因为人们有了基本的认识和解决问题的大致方向，也不会毫无准备。

2. 积极地引导想象力的方向

有时候，事件的进展充满了不确定性，难以在事前一一料定。因为不确定性的存在，加之人们本身就对未知充满了想象力，而且这种想象大多是消极、负面的，自然而然也会降低行动的效率。于是，我们看到人们在工作和生活中就有了被动行动、抱怨等。他们对未来缺乏乐观的想象，也很少进行积极的沟通。

在交谈中，如果你能够及时、合理地引导大家想象的方向，对于缓解焦虑和降低事件的未知性就可以起到良好的作用。你要让自己成为其中的引导者，而不是盲目、情绪化的追随者。

3. 增加对事件本身的关注度

我曾经看到过一个关于时间的假设：“丢失的日子如融入在人群里的好姑娘。我看着她沿途美丽下去，嫁给别人。”当这一句话慢慢在脑海中回响，显示的只是一幅幅时间流逝的画卷，并不是那个美丽的姑娘。这个假设就是成功的，把“时间”这个巨大抽象的问题，假设为一个具体可见的参考物——姑娘，但并没有影响我们对“时间”的关注，反而让“时间”这个概念变得生动起来。

为了不偏离主题，同时让聊天变得更加有趣和有益，在进行假设时，不要抛弃问题的限定条件以及制约因素，要集中关注核心议题。否则，就会降低我们的注意力，对问题的分析也会产生错误。

不要交谈“应不应该”，也不要纠缠于“是什么”

如果你在做一件事情时，总是和别人或者自己纠缠于“应不应该”和“是什么”的问题，这说明你的行动力出了问题，而不仅是聊天的技巧有问题。

我的表弟前几年准备学习法语。他做这个决定的缘起只是听了一节关于法国电影的讲座。后来他说，他想学法语，因为法语是国际通用语言之一，学习外语可以锻炼人的思维，等等。

当然，没过两个月，他不再去那家学费昂贵的语言培训机构，也不再看法语电影，买来的法语资料也放在了眼睛看不到的地方。当别人询问他学法语的近况时，他总是会说自己很忙，而且正在“深思熟虑”自己当初学习法语的想法是不是出于“必要”。

最后我看到：

他深陷于矛盾之中，不知道自己到底要不要坚持下去学这种“不知道学习了有什么用”的语言。

表弟的故事很有代表性，几乎每个人的身边都有一个这样的例子——因眼前的困难止步，深陷于“哲学思考”，以“应不应该”作为借口，实则不肯付出最大的努力。陷在反复与重复的低效讨论之中，无法做出最后的决策。即便有了决定，往往也坚持不下去。

“应不应该”这个问题并不是说完全不值得讨论，而是说，在讨论完“应不应该”之后，是否应该把着眼点放在探讨“怎么做”“做什么”“怎么解决”的问题上呢？纠缠于“合理性”的讨论时，人们可以找出无数个理由来反驳对方，为自己的问题寻找开脱的机会。

1. 坚持不下去，不能成为怀疑事情本身合理性的理由

你总是太轻易地原谅自己，才会为自己的不作为寻找各种借口。当你开始考虑“一件事不得不如此”的合理性并试图说服其他人理解你时，这个想法本身就暴露了你在某些方面的能力是不足的。

因为工作原因，我的朋友艾力克在2013年举家搬迁，从华盛顿特区搬到了加州北部的一个小镇。这里离他的公司只有12英里的路程。他每天开车几分钟就可以抵达办公室，十分方便。不过，在他准备搬家时包括我在内的许多朋友都对他说了同一句话：“艾力克，你在那儿待不了半年就得飞回华盛顿。”

艾力克对众人的质疑很不屑。他觉得朋友们太小瞧他的意志力了。结果还不到半年，他就又开始计划重新搬家——不是回华盛顿，而是搬到洛杉矶。在行动之前，艾力克用了许多理由来“说服”我们这些朋友——能够理解他的这次举动，而不是嘲讽他。

“此处虽然距离工作地点近，但购物太不方便了。”

“这座小镇的治安不好，晚上过了10点，街上的人80%都是小偷和抢匪。”

“这里风气太差，邻里之间缺乏沟通，关系冷漠。”

但是，所有的理由都改变不了一个事实：艾力克不想改变自己来适应新的环境。不管做什么，他都在试图说服别人能够理解他的决定，因为他的做法是“合理”的。

我们身边像艾力克这样的人有很多。他们不停地改变自己的决定，同时又非常轻易地放过自己的过失，然后给出许多理由。和他们沟通时，你会发现无论任何事情，他认为自己的决定都有充足的依据。即使一个错误的决定，他也有值得理解的初衷。因为自己的意志力差，就怀疑事情本身的合理性，并试图将自己的观点灌输给别人，这是今天很多人的通病。

2. 做事不谨慎才会“选择错误”

还有一种存在的可能，就是我们坚持的事情本身并不存在合理性，却又想坚持自己的立场，体现在对话之中就是试图让别人同意或同情自己的想法。当一个

人足够智慧，足够明辨是非，懂得取舍，那么“应不应该”这个问题永远不会成为一个问题，也不会出现。事情的来龙去脉，优劣程度都是可以看得见的，包括自己的能力能否有效控制这件事情的发展进程，对于他来说都是简单到不用思考的问题。

为了避免“反思”的念头不停地中止有益的讨论和行动，最好的办法是在做决定的时候斩钉截铁，下定决心。比如，当你计划做一件事时，就不要听太多相反的建议。哪怕冲动莽撞，其后果在多数情况下也比“冷静地待在原地不动”更好一些。关于“应不应该”这个问题的讨论应该发生在行动之前。如果行动已经开始了，就不要再纠结这个问题，而是一步一个脚印踏踏实实地做下去。是什么并不重要，重要的是我们已在充分的讨论中明确：我必须这么做。

所以，除了跟其他人的沟通外，你还要学会在内心跟自己聊天——及时地肯定自己，在内心深处和自我充分对话，不要因为想象中的不安定感而迟迟不前。为此，我们要掌握一些自我沟通的技巧：

（1）分解原定的目标，进而简化目标。要把一个大的任务分解成一个又一个的小任务，降低自己的执行压力，并让自己明白这么做的必要性。

（2）完成一个小目标之后，适当地奖励自己。用恰如其分的奖励给自己自信，这样对于下一步的计划也更容易执行，向人们介绍成果时也更加有信心。

（3）建议你做一个明确的计划，列出那些你必须明白的问题，或者叫作行动表格。养成良好的习惯，才能提高沟通和行动的效率。

（4）每周进行一次自我总结。要问问你自己做成了什么，做错了什么，说对了什么，以及说错了什么。对于自己的懈怠，要及时批评、调整和弥补，不要让那些随时产生的消极情绪在体内存在太久，以致疯长蔓延，吞噬你自己。

总的来说，“言不胜行”。沟通之后采取果断行动的意义远远大于去讨论“应不应该”或者“是什么”。不是说透了才明白，而是做对了才明白，坚持到最后才会懂得。因此，说得再多都比不上迈出一步，沟通总是为行动做铺垫的。

对比一下你们各自的定性，找到坚定的共识

加州有位心理学家曾经观察过多位著名演讲家的演讲过程。他发现这些演讲家之所以能够牢牢地吸引听众，是因为他们懂得如何引导听众，调动人们的热情，让听众认同自己的观点，并且产生强烈的共鸣。

他说：“他们所讲的故事与案例，一定是具有代表性的，是人们生活和工作中普遍的体验，从经历上就与听众达成了共识。之后，他只需要引出自己独特的见解，就能抓住听众的眼球，震撼人们的心灵。”

人与人之间的交往，从不同之中寻找共性是维持良好关系的一个重要条件。聊天的时候也是如此，“求同存异”向来是各种合作交流的主题，拥有坚定的共识是密切沟通的前提。只有大原则一致了，差异才有可能被最终解决掉。

商业社会中的一个优先法则是信用和公平交易，两者同等重要。而在农业社会中的优先法则是恩惠和情义。农业社会之所以把恩义作为重要资本，主要在于农业社会缺乏货币，因此只能用代价高昂、兑现能力差的“恩义”作为代币进行投资与借贷。而在商业社会，资本可以直接兑现，所以人们更为重视诚信。那么，在现代社会的沟通中，诚信就是一个基础性的共识。

言出必行，就是人们对沟通的基本定性。

不管遵循什么样的社会准则，有一个大前提，便是达成互信的共识，即人们普遍认同这样的规则和秩序，在同一种准则下进行交易。言出必行，即使不具备法律效力，但同样具有极高的约束力。只有这样，人与人之间的沟通交流才能有深层次的成果。我们在生活中可以很容易体会到这一点，当一些“三观一致”的人聚在一起时，总是有源源不断的共同话题。

如何理解“求同存异”？

“异”是一个人的个性，是一个人的特色标签，也是在社交中存在感和魅力的关键所在。有共性，才能谈合作；有“异”性，才能谈吸引。对双方的个性保持尊重，在这个基础上去寻找共识，达成一致。这就叫求同存异。志同道合是一种友好合作的状态，有了这种共性，交流便会顺畅许多，才能有后续的顺利合作。

替代式的聊天——用另一个问题来替代，看看会聊出什么

聊天时，有些话题可能比较敏感，我们不好意思开口直接提问，对方也会有意回避作答。这时，为了避免引起对方的反感，维护双方良好的聊天氛围，我们就要选择替代式的聊天来达到沟通的目的。

替代式的批评

在《了不起的盖茨比》一书中有段话，令人印象深刻：“当你想批评别人的时候，请记住，在这个世界上，并非人人都有你所拥有的那些优势。”

意思就是说，当你想要批评一个人时，不要急于脱口而出，先冷静地想一想——别人之所以会做错，可能是因为对方不像你那么优秀，也不像你拥有那么多的资源。因此，对于别人的不足，我们应该宽容一点儿。如果你必须要指出对方的不足，也要讲究方式方法。比如换一个态度、换一种语言、换一个问题，用幽默的语气，替代式的比喻把对方的问题说出来，效果可能会更好。这样既不会损害对方的自尊，又能被他接受。

比如，当你与对方在“吃狗肉到底合不合理”的问题上存在分歧时，用激烈的言辞针锋相对势必会引起一场旷日持久、互不相让的口水大战。但你却可以使用替代式的聊天法。你可以这样说：“嘿，哥们儿，如果你养了很多年的一只小狗，被端上了别人家的餐桌，你会怎么想呢？”

请谨慎地说出那些锋芒毕露的“直言”，因为并不是所有人都能接受这种语言。并且，“直言”的背后确实存在一种潜在的“威胁性”。当你说出那些

话时，就像在告诉另一个人：“在这个问题上，我看不惯你。”而换一种表达方式，用其他话题来替代，把批评变成暗示，就能产生另一种效果，他从心理上容易接受。

替代式的假设

在交流中，每个人都要更多地考虑对方的感受，对问题学会换位思考，转换不同的角度去理解。对于想要了解的事情，我们可以用替代的方式间接地询问，避免因为“直言”引发对听者的二次伤害，降低问题的敏感程度，也方便对方回答问题，减少他们对问题的回避、对沟通的抗拒。

替代式的聊天在很多情景下都适用，关键在于如何把握好尺度。比如，你要选好替代的事物，尤其要选择那些对方较感兴趣又熟悉的话题来进行替代，才能取得好的效果。

多用“假如”

对于一些敏感问题，或者比较宽泛和抽象的问题，无论提问者还是回答者，都难以具体描述。面对这类问题，使用替代式的聊天效果比较好。一方面，假设性的话题可以起到一种暗示的作用，对于不太好回答的问题可以起到缓冲作用。另一方面，假设问题也可以避免问题和答案本身所带来的风险与不必要的麻烦。在询问时，多用“假如”“例如”“比方说”等可以转换概念的替代式问题，既能引起对方的兴趣，也能规避谈话本身的风险，降低问题的敏感性。

我在洛杉矶认识一位女性朋友。她在美国留学 3 年了，一边打工一边学习。她对现在的感情问题非常困惑，内心充满苦恼。她觉得男朋友不够爱她，因为需要他的时候他却总是不在身边，自己还要委屈地迎合他的习惯。这的确是一个麻烦。突然有一天，她开始怀疑自己的现状——“是不是一个人会比两个人在一起更幸福？因为在一起了就有太多的牵绊”。

这时她就问身边的人：“我到底要不要分手？要不要和那个并不怎么爱我的人继续下去？”

这是一个很棘手的问题。没有人能替她说出答案，也没有人敢为此负责。因为这是她自己的事情，只有她自己最清楚。有一天，她找到我，向我吐露心声，寻求帮助。我就问她：“假如，我是说假如，他向你求婚，你会答应吗？”

她几乎没有考虑地说：“我肯定不答应。”

这就是我给出建议的方法。我对她说：“你自己已经给出了答案，并不需要问别人。如果你不准备和他结婚，或者他不是你心目中的最佳结婚对象，那么，你还困惑什么呢？”

多使用“假如”的方式，用一个新的问题来替代旧的问题，话题就会打开一个新的空间，我们便能够帮对方看到一些不一样的东西。

带着建议一起提问

在上大学时，因为学习中遇到的问题很多，我常常需要去请教老师。因为老师平时工作比较多，时间很少，而我的问题又比较零散，无法集中提问，总是不能及时获得答案。后来我就换了一种方式：在向老师提问时，自己也会提出一两种解决方法，方便老师参考，这样就可以提高问答的效率。

这个习惯一直延续到现在，只要涉及请教问题，在问题的后面，我一定会加上自己对于这个问题的理解，以及自己暂时想到的解决方案。当对方告知我最好的解决方式时，我再按照这个方式对照自己的答案，从中找到差异，分析它们的不同，以此提高自己的知识能力。

带着建议一起提问，是对被提问者的一种尊敬。你在递上自己的答案时，对方会觉得你已经进行了一番思考，而不是未动脑子便等着别人“指点”。被提问的一方也会感觉到自己是被尊敬的，因为你是在没有更好的答案的前提下，才来向他请教。这说明你认为他是一个水平比你高的人。

“乐观预期”比“最坏的情况”更值得谈论

对于预期的乐观是人们基于对“乐观结果”的强烈的期待，这是人性的一部分。不管做什么，人们对结果都有一种积极的心理预期，希望能够得偿所愿。不管情况有多糟糕，人们都有一种隐藏的乐观。我们常说的“乐观精神”强调的就是一种对于未来的积极的预期，它又是一种对命运的正向的期待。

一个人的性格乐观，对于正在做的事情充满自信，心理上表现为无比期待，行动上又积极迅速。于是，他就会持续地投入更大的精力来完成这件事。与此相反的是，如果一个人的表现消极倦怠，对于时间的投入以及行动上的效率都会远远地落后于乐观的人。当然，他心理上或许也会充满期待，但这种期待也包含了最坏的结果。

口才的重要性不言而喻，尤其在商界更有“金口玉言”的说法。每天我们都要跟不少陌生人打交道，并且想办法与陌生人建立良好的关系。要做到这一点是非常困难的，但并非没有捷径可循——捷径就是多和人们讨论“乐观预期”，这会让你展示出很强的感召能力。

“最坏的情况”会产生巨大的消极效应

有一个小孩子某次英语考试的成绩很糟糕。回家后他沮丧地说：“我恐怕是永远都学不好英语了！”又说，“我是我们班最笨的人！”这种情况下，有的父母可能会安慰孩子：“老爸老妈的英语就不好，看来你也不是学英语的料，学不好没关系。”有些父母可能会抱怨：“天生脑子笨，这也是没办法的事情啊！”这样的解释就是消极的。如果你将某种暂时的失败解释为永久、普遍、难以改变的原因，很容易让人产生无能为力的消极情绪，彻底改变这件事情在未来的走向。

就拿这个英语成绩不好的孩子来说，父母消极的解释会让他更加自卑，乃至更加绝望，难以继续努力。实际上，许多消极的解释既不利于沟通，也不符合客观实际。它唯一能起到的作用就是让事情变得更糟糕。

多谈论“乐观预期”能够营造积极的效应

1. 营造积极的谈论氛围

对于乐观预期的讨论，可以营造出一种积极的谈论氛围，减少由于未知感所带来的恐慌。很多心理学家都表示，情绪是可以传染的。在工作和生活中谈论积极的结果，增加人们对于理想预期的想象，可以使人们对工作任务的理解更透彻、更清晰，使人们工作更加积极，更加努力。而那些悲观、不理想的预期因为存在的合理性，以及发生的可能性，对行动和心理方面都会带来消极的作用。当这种情绪蔓延开来，在周围游荡，充斥每一个角落，就会感染更多的人，逐渐让一个团队不击自垮。

在一场讨论中，人人都讲述自己对于工作和生活的热情，对未来乐观的期待，就会把自己的正能量带给其他人，带动大家都积极地看待问题。而如果人人都唉声叹气，对未来充满忧虑，士气低落，整体的谈话氛围就会被一股阴影笼罩。即便能解决的问题也会因为消极情绪的大面积存在，而变成一个无解的难题。

2. 摆出强大的乐观姿态

乐观的一个近义词就是“自信”。一个人是否自信，最直观的参照，是看其是否乐观。一个乐观的人也必然自信。在聊天时，一个人是倾向于谈论“乐观预期”，还是“最坏的结果”，哪一种情绪比较多，就说明对方是哪一种人。比如，一个经常讨论最坏结果的人，他必然是一个极度理性并且略有些消极的人——哪怕他是在用底线思维严谨地考虑问题，他在沟通和工作中都会表现得缺乏一些激情。

我有一位朋友在绘画方面造诣极高。在一个交流会上，她是最后一个出场的。台下的观众已经连续坐了 4 个小时，无论是生理上，还是精神上都快到了极限。她站在台上，看到台下有人玩手机，有人在瞌睡，有人在小声交头接耳，几乎没有人在听她说话。但是，她却非常从容地走到台前，自嘲地说道："不好意思，让大家等这么久。不过别担心，我是最后一个。20分钟后我们大家都能回家吃饭了。"

说到这里，很多人发出了笑声。接着，她又幽默地说："请给我一个向你们炫耀自己的机会，也给我一个记住你们面庞的机会。相信我，我的故事不是胡编乱造的，我的作品也不是哗众取宠的。只要大家愿意献出点儿掌声，我一定不会吝啬自己的经验和故事。"

这番自信幽默的演讲，成功地为她赢得了所有人赞许的目光，也为交流会画上了令人印象深刻的句号。

她这种自信的乐观品质值得我们每个人学习。现在生活中有太多心思敏感的人。他们在意别人的看法，在意其他人的眼光。如果站在台上讲话的人是你，你会像她那样自信和淡定，还是会草草地结束这折磨人的时光，以失败者的角色走下台，免得经历"热脸贴冷屁股"的遭遇？

做事都要有最坏的打算，这本身并没有什么不对，甚至是可以提倡的。但是，如果在谈话中、在工作中弥漫着消极情绪，哪怕是微不足道的一点点，都会影响到整个工作的顺利进行。"最坏的情况"只能让该知道的人知道，并非这件事的参与者都要知晓。试想一下，一个企业正面临巨大的危机，可能需要大量裁员。如果坏消息在公司中蔓延开来，人人自危，就会导致严重的人才资源流失，使公司的危机雪上加霜。但如果企业的领导人积极乐观地对员工讲述公司的情况，描绘难关过后的美好未来，很多人就可能会与公司患难与共。因为这是一段难得的经历，也是一个宝贵的锻炼机会。

"乐观预期"所承担的风险与所带来的收益相比，在很多情况下是可以忽略的。因为"乐观预期"和"最坏的情况"都不会改变事件的基础，与其在悲观中惶惶不可终日，到处散播消极的言论，不如怀着最乐观的心态去积极地面对，用自己的信心引导别人，鼓舞人们的斗志。

第五章

诱导和启发式的交谈，引发共同的思考

抛出“试探性”的观点，听听对方预测的结果

为了让对方理解和接受自己的观点，我们有时需要采用诱导和启发的方式讲明观点，而不是针锋相对。第一，在对方不理解时，要懂得循循善诱。第二，当对方是你的上级或者权威人物时，要懂得旁敲侧击。既要讲事实，也要以柔和的方式促进双方共同思考。

中国台湾的著名成功学家林道家说：“一个人不会说话，那是因为他不知道对方需要听什么样的话。假如你能像一个侦察兵一样看透对方的心理活动，你就知道说话的力量是多么巨大了！”

在平时的社交和沟通中，我们总会遇到一些不清楚对方的立场，但又不得不说话的情景。直接表达观点，有可能触及对方的底线，对自己不利。不说出来，又违背自己的原则。或者是由于语言环境的限制而不能直说，需要拐个弯来试探对方的立场。这时你就要好好体会林道家的建议，可以先抛出试探性的观点，故意说一些与本意相关或者相似的事物，听一听对方的“预设结论”。在这个基础上，再聊你想聊的话题，就能取得较好的效果。

案例 1：先试探对方的处理原则，再道明问题

在古代，有一位理发师给宰相理发。修面修到一半时，他突然停下剃刀，两眼注视着宰相的肚皮。宰相见此情况，心中纳闷儿，问道：“你看我肚皮干什么？”

理发师说：“人们说宰相肚里能撑船。我看大人的肚皮并不大，怎么撑船呢？”

宰相一听，哈哈大笑道：“那是说宰相的气量大，对于一些小事从不计较。”

理发师听到这话，马上跪在地上说："小人该死，方才修面时不小心把您的眉毛刮掉了。宰相大人，您的气量大，还请恕罪。"

宰相一听，尽管很生气，但因为自己有言在先，此时也只得装作大度的样子，说道："算了，拿笔来，把眉毛画上吧。"

理发师刮掉了顾客的眉毛，当然很不应该，更何况对方是一国的宰相。这时，怎么表明过错，又能避免宰相的惩罚呢？"直说"显然不是一个最佳选择。因为宰相的反应不可预料，有可能原谅你，也有可能把你关进大牢。理发师的做法是通过婉转的方式提到了宰相的肚量——当宰相的肚量大，这个观点得到了宰相的赞同，再坦然交代自己适才的错误，宰相就不好发怒了。

现实中这种交谈的方式用途很广。借助委婉的语言，能避免我们在关键时刻碰壁难堪。你可以先试探一下对方的原则，再讲出主题，双方的后续沟通就不会出现突发的、难以掌控的状况。

案例 2：启发式聊天，讲明问题的严重性

齐景公一度是一位滥用酷刑的国君。他严令全国，只要有人犯罪一律砍脚，百姓因此怨声载道。晏婴一直想借机劝谏，却找不到好时机。有一天，齐景公对晏婴说："先生的房子离集市太近，狭小潮湿，喧闹而又多尘土。我想给你换一处好房子。"

晏婴推辞说："离集市近，也有好处，买什么东西出门就到。再说，怎么敢烦劳众乡里帮我盖房搬家呢？"

景公笑了笑，道："你离集市近，了解市价行情吗？"晏婴点了点头。

景公说："那你说现在市场上什么东西贵，什么东西贱？"

当时，齐景公对百姓采用的酷刑是砍掉双脚。因此，市场上卖假脚的很多。于是晏婴趁机说："踊贵履贱。"意思是说市场上假脚的需求量增大而不断涨价，而鞋却十分便宜，因为大家都没脚了。齐景公由此意识到自己的过错，从此，免除了砍脚的酷刑。

这个故事显示了启发式聊天的作用——在面对两类人时，我们需要采用诱

导和启发的方式。为了让对方接受和理解自己的观点，我们要平和地讲明自己的观点，而不是针锋相对。第一，在对方不理解时，要循循善诱。第二，在对方是你的上级或者权威人物时，要懂得旁敲侧击地启发。既讲事实，也要用旁证来说明观点。运用柔和的方式，测得他的立场。然后，顺利地展开沟通，找到共识。

怎样用一句话，就点燃人们聊下去的兴趣

国内著名演员王志文有一次做客朱军的节目。朱军问他：“你 40 岁了还不结婚，那么，到底什么样的女孩适合你呢？”王志文笑着回答说：“我想找那种能随时随地聊天的，就是半夜想到一个话题也能陪着聊天的人。”

一个能时刻陪你聊的人，会让你始终保有沟通的兴趣。两个人的对话渠道一直通畅，感情就不容易出现危机。同为演员的赵又廷在一次接受采访的时候说：“和高圆圆结婚后，两个人在家里相处的方式就是狂说话。”他和王志文的观点相同，两个人有兴趣聊天，感情就不会出问题。

生活中，一对异性能够拍拖，一定是因为在聊天的时候发现两个人的生活观念、兴趣爱好非常相似，因此，有不可胜数的话题。所有交流的开始都是聊天，要能聊得下去，才有机会进行深层次的“灵魂交流”。如果一开始就聊不了几句，那么，两个人是没有机会互相深入了解的。

我相信，有很多人都有这样的体会，和一个陌生人说话，聊了没几句就词穷了，好像没有任何可谈的话题。接下来，两个人就陷入了尴尬的冷场，最终找个借口离开了事。这样尴尬的状况最后导致对话的效果不佳。有人因此错过了自己心仪的对象，有人因此被客户误会，有人因此交不到好朋友。

在聊天时，任何一件小事都可能成为你和对方沟通失败的原因。这是有大量案例证明的。我们生活中也常遇到这种情况——当你陷入冷场的氛围时，瞬间就失去了聊天的温度感，仿佛这场对话根本就不应该出现。为了让自己能够与对方更加顺畅地沟通，为了让自己成为一个调和气氛的高手，我们必须学会一个特殊的技能：

只用一句话，就能点燃人们聊下去的兴趣。

不知道聊什么时，该怎么说？

或许对于部分人来说，社交是一个很大的难题，对话也是——让他们跟别人聊天实在太难了，特别是跟陌生人交谈时，根本不知道聊什么。他们听不懂对方的话，也不懂得如何在聊天的过程中让对方注意到自己。时间被浪费，氛围越来越尴尬，聊天不但冷场，而且是一种冰冻的局面。

也就是说，他们在某些情境中不知道该怎么聊。就像我们大学毕业后的第一场面试，坐在面试官前面，你根本不知道应该说点什么，内心紧张不安，额头不由自主地冒汗。这也跟人们的生活环境有关。小时候，我们被长辈教导“多听少说”。工作之后，人们又鼓励我们“该说就说”。可是，却没有人教你如何找到恰当的开场话题，把聊天的氛围带动起来。

如果你实在不知道该怎么聊，我的建议是两点：

第一，放弃自己的话题，先找一个对方最喜欢的话题。

第二，如果什么话题都找不到，那就说“好话”赞美对方的某一优点。

公司的一位雇员乔菲女士提到她和老公相识的过程：“他长得很丑，我相亲时和他见面，第一眼印象就很差，没有聊天的兴趣，就随便找了一个甜品店，想着聊两句后找个借口开溜。”

乔菲对这个男人内心排斥，看来他死定了。但接下来发生了什么呢？这个长相普通的男人作完自我介绍后，问的第一个问题是：“听你说很喜欢动漫，还有很多独到的见解。你最近在看哪一部呢？”

听到别人注意到自己喜欢的东西，乔菲的心情顿时好了许多。这是一种奇怪的情绪反应，明明对方长相丑陋，不是自己喜欢的类型，可她仍然很激动，于是就高兴地讲了自己最近看的动漫。他们开始了聊天，他适时地接一句，然后再扔一个问题给她。不知不觉间，乔菲就和他在甜品店聊了 1 个小时。

结账分手，乔菲竟然主动和他约定：等下一期的动漫更新了，两个人再聚到一起讨论一次。她还允许这个男人下一次见面时请她看电影。就这样，一个独身好多年，总说遇不到合适人的高傲女孩，被一个看起来其貌不扬的男人娶回了家。

这个男人凭借的是什么本领？是善于化解“聊天尴尬”的技能。一个聪明的人，既能够找到合适的话题，又擅长制造话题。他们也知道怎样拉近自己与对方的距离，这样才不会让谈话冷场，并能让对方的心中升起暖意，愿意继续跟自己交流。

掌握3个要素，让你的聊天不冷场

第一，避免常见或对方特定的冷门话题。两个陌生人说话时难免会遇到冷门话题。避免冷门话题是聊天成功的必备要素。即便相熟的人也会遇到一些不恰当的话题。比如双方的隐私和场合不相干的事情等，这些都要尽量规避，否则，很容易一说出口就再也聊不下去了。

第二，谈谈双方的事业和追求。在任何场合，事业都是一个很好的话题。因为事业是每个人安身立命的根本。任何一个在事业上勤奋努力，对人生有追求的人都是有魅力的人，在谈话时也愿意聊及这方面的问题。所以，尽可能在谈话中表现出你的事业心，结合对方的工作谈一谈你的见解。这样对方就会更加喜欢开口，也能找到更多可谈的东西，保证聊天的热度。

第三，发现并利用对方的兴趣。一定要围绕对方的兴趣爱好，引起共鸣。假如你不知道聊什么，就先想想对方喜欢什么，然后，针对性地提出你的问题。因为每个人都有自己的兴趣爱好，即使一个人非常沉默寡言，他也无法抵挡这样的话题。你要做的就是抛砖引玉，先把对方感兴趣的命题提出来，看看他有什么想说的，听听他说什么，就能找到许多共同点。这样你就会发现，你们之间的话题不断地增多，气氛也会越来越好。

“如果我们不这么做，会有什么后果？”

为了说服别人，我们有时必须掌控谈话的进程，让两个人的对话始终处于自己擅长的逻辑轨道上。但现实中并非事事都如你所愿。因为我们的聊天对象是不确定的。有的人聊天，逻辑天马行空，思维异想天开。一旦聊天聊到了他的轨道上，你拉都拉不回来，更不用想要说服他。还有的人是一根筋，逻辑死板，孤陋寡闻，消息闭塞，固执地坚持自己的立场，说不了几句就把天聊死了，根本谈不上有什么共识。

这时，你应该怎么办？

生活中，我们需要与不同的人沟通。聊天，既是一种休闲的形式，也是一种解决问题的途径。我们既需要在聊天中就重要的事项达成共识，又不能引起对方的抵触。既要说服他，还要保持双方的友好感情。如何沟通，才能达到这样的效果呢？

从事情的反面推导问题，说服对方同意你的观点

1985 年，以存储器为主业的英特尔运用价格战，和日益壮大的日本存储器行业进行了一场持久的战争，导致公司连续 6 个季度业绩亏损，以至于人们一度怀疑英特尔是否能够继续存活。在英特尔消沉的一年中，公司总裁格鲁夫在办公室与 CEO 摩尔谈论公司困境。但他总是说服不了摩尔。摩尔是一个相当固执的人。除非有充足的理由，否则，他很难做出变通，同意对公司进行改革。

谈话期间，格鲁夫问了摩尔一个关键的问题：“如果我们下了台，另选一名

新总裁，你认为他会采取什么行动？”

摩尔犹豫了一下，回答道：“我认为他会放弃存储器的生意。”

这时，格鲁夫望着摩尔，说：“那我们为什么不自己动手？”

为了说服摩尔，格鲁夫做了一个假设，对这个决定进行了一次架空推进：如果有另一个人来做，他会怎么办？这样就让摩尔站到一个旁观者的角度看清了问题，最终赞同了他的想法。

英特尔公司迅速决策，逐渐把微处理器作为新的生产重点，在改革过程中裁员达 8000 余名。虽然付出了代价，但是几年后微处理器的巨大成功使该公司成为世界上最大的半导体企业。

引导式谈话的关键，是找到参照系。为了说服对方做出一个艰难的决定，创造双赢的局面，最好的办法是寻找一个参照系：“我们来看看别人遇到这类问题时会怎么做？”这样做可以活跃讨论的氛围，并帮助对方跳出固有的视角，不再坚持原有的立场。成功的引导式谈话，就是要形成一种互换视角的良好氛围。没有参照系的诱导式聊天，你会发现很容易冷场。

从反面推导：假如换成别人，而不是你，会怎么办？为了解决别人的疑惑，不要用自己的想法引导别人。最好的办法就是运用假设的讨论模式，通过另一个不存在的假设方来道明解决之道。和前面有所区别的是，此时，你要从事物的对立面展开推导。比如：“如果不这么做，会发生什么？”引出一个严肃的命题供对方思考，打开广阔的讨论空间。

改变提问的方向，从“为什么”转换为“如果”

与其问：“怎样劝导才有效呢？”不如说：如何引导才能开拓双方的思路，形成热烈而深刻的讨论局面？为了保证谈话的热度和实际的效果，我们要改变提问的方向，引导对方从“为什么不能”转变为“如果我能”。将聊天的目标与外界所有积极的因素连接起来，提出不同的问题，诱导他做出某个决定。

例如，有一天我要劝说史密斯去做运动，但通常这种事情我们会怎么开始呢？每个人都有不同的策略，但一般的开场白都是：

“嘿，史密斯，你最近好像胖了啊，为什么不考虑去运动一下呢？”

“哦，我也曾经想过。不过我工作忙，平时真没时间。”

“其实，每天跑步并不需要花多少时间。每天跑15分钟，不就可以了吗？为什么就不能拿出这点时间来跑一下呢？”

“你说的有道理，但我没有跑步专用的鞋子。就像你有跑鞋可以去跑步，但我没有这些运动工具。”

“你买一双不就完了吗？为什么不去买呢？”

“好吧，算你说得有道理。我再想想吧，过几天再说！”

于是，你们聊不下去了，只能打住。几天后，你不再有兴趣劝说他，而他也早忘了此事。所以，我不会采取这种传统的方法去跟史密斯聊跑步的事情。因为史密斯会一直处在一种抗拒的状态中。他一直在想借口，试图堵住提问者。这种体验我们都曾有过。

难道说史密斯是一个不喜欢锻炼身体的人？他真的不相信自己能变得更健康一点儿吗？至少他要减掉自己的小肚子。不，我们认识的史密斯喜欢体育运动，也是一个非常健谈的人。或者说，难道他不相信运动有益健康吗？当然也不是，他自己就有运动营养学的学位。

那么，为什么史密斯会一直处在这种抗拒的状态中呢？真正的原因在于，作为一个劝导者，一开始的提问方式就是有问题的。这导致开场的气氛很冷，勉强的说服造成了冷场。说服者想的是：“你这个家伙为何不快点同意我的建议？”史密斯想的却是：“你这个家伙为何不赶紧从我身边走开？”

我们回放一下，看看刚才劝导者是如何开始聊天的。第一个问题：“你最近好像变胖了，为什么不花点时间去运动呢？”请注意，这个问题貌似是在劝史密斯去运动，但实际的效果却不是。如果有人开始问你：“你为什么不去运动？”这时你的脑袋会开始想到什么呢？一定是自己不去运动的理由，而不是应该去运动的紧迫性。换句话说，刚才这一个问句其实是正在给史密斯的脑袋下达了这么一个指令：请开始构思，你选择不运动的合理理由，然后拒绝那个无趣的家伙！这也就是为什么史密斯会给出第一个答案：没有时间。这是他的理由。

紧接着，劝导者继续问了第二个问题，尝试说服史密斯：只要每天花 15 分钟跑步就可以了。为什么你连 15 分钟都不抽出来呢？又是一句“为什么”。这时史密斯的脑袋又会因为你的“这个问题”开始去想寻找自己不愿意抽时间去运动的理由了。最后他想到的是：“工作忙，当然没有时间。”再接着问时，他回复的理由是：“我没有跑步鞋，而我又不着急去买一双。”于是，这个聊天彻底聊不下去了，你只能认输。

要知道的是，聊天中的说服是一种很重要的说话技巧。而这个过程中一个很重要的原则就是，你首先必须保证对方有跟你聊下去的兴趣，然后，再通过合理的对话方式来左右他的思考方向。这样一来，他才能既同意你的观点，又不至于是被迫的。

在劝说史密斯做运动时，我应该采取的办法是什么呢？原则就是：用正确的问题，诱导他来做出正确的抉择。每一个问题都要保证谈话的温度，保证大家都能放得开阐述观点，说出内心真实的想法，然后，逐步改变他的思想。

开口说的第一句话，提的第一个问题，是最重要的。我要先通过这个问题为史密斯决定正确的思考方向，并保证他有兴趣和我聊下去。这时我绝不会问他为什么不去做运动。

我会问他：“为什么有些时间你会想要去运动？”所以当我正式开口时是这样说的：“哈喽，史密斯，有个问题我很想问你。你看起来不是那种喜欢跑步的人。为什么你在周末时会对跑步那么感兴趣呢？”

这个时候史密斯的脑袋会开始想什么？为了回答我的这道问题，他会开始去寻找自己对于跑步可能感兴趣的理由。他想了想说：“哦，我之所以对跑步感兴趣，是因为最近有点胖了。所以在考虑要不要开始跑步。”

一旦对方开始提供答案，那么恭喜你，开场白非常不错，至少没有在第一步就把气氛搞僵。

你已经成功地让对方的思路定位到正确的方向来了。这时，紧接着我就要进行第二个问题，继续和史密斯聊。问话的方式就是，要请对方告诉我他对自己那个跑步的理由是如何看待的，他的观点是什么。这么做的目的是为了把跑步的理由扩大。

“老伙计，我明白了，原来是因为觉得胖了。那么，你需要这么紧张让自己瘦下来吗？”

这时，当史密斯接着告诉我答案时，我听到的回答将会更加接近他内心深处的真实焦虑。我已经就这个话题打开了他的心扉。比如说，他可能会回答我：“当然会啊，我觉得我胖了不好看嘛。”史密斯是个注重形象的人。又或者说，“妻子对我变胖这件事情老是在唠唠叨叨，这让我压力很大！”当他的答案越往内心伸展时，他对跑步认同的信念就会越强大。那我的目的就会更进一步地达成，前面对话的成果也得到了巩固。

最后，我要再问一个问题。这个问题十分关键，因为我要问史密斯，他接下来打算采取什么行动。这里要提醒的是，为了不破坏聊天的氛围，此时，提的这个问题，不是要强迫对方马上去做出些什么。因为通过前面的铺垫，当聊到第二句时，我们已经成功地在对方内心中树立起对跑步的认同感。就像我看到的，史密斯是不抗拒跑步的。相反，他认为跑步可以让他保持活力。这时，我提出这样一个问题，只是想刺激一下史密斯，让他产生“我现在就想开始跑步”的念头。

所以我问道：“想不到跑步这么重要，接下来你有什么计划？”

这是一次成功的话题说服。在不影响聊天兴致的前提下，我让史密斯听我讲完了最重要的三个问题，并打开了他的话匣子。史密斯听到我的问题以后，就开始跟我聊，从跑步的时间聊到跑步的工具。比如，早晨和傍晚锻炼，哪个时间段对身体最为有益，哪个牌子的运动鞋比较好，等等。我们聊得热火朝天，甚至到最后我差点和他一起去买了跑鞋。

在聊天中，你只需要对他自己做出的决定表示支持，不要尝试否定他，或者突然转换话题。即便史密斯还是不愿意有任何的实质行动，那也没关系。因为毕竟在他的内心中已经认同了跑步的重要作用。这时，我不会着急去强求他必须落实到行为上。一旦我有这样的尝试，聊天就可能戛然而止，而我之前所费的口舌也就前功尽弃了。

总结：

第一，不要问“为什么你不想跑步”，要问“为什么你想跑步”。

第二，请他详细谈谈喜欢周末跑步的原因和经验。

第三，讨论如果扩大跑步的计划，接下来他打算怎么办？

为了保持热烈的氛围，你还可以拿自己的经历作为案例，从正面的角度激励他就此话题进行深入的阐述。当我们在对话过程中遇到某种程度的冷场时，切忌提出“为什么不”的句式。因为这会使你和他的对话进入一种诡异的“攻防模式”，等于在鼓励对方思考拒绝的理由。

抛出一个逻辑的陷阱，引导对方看清问题

如果引导式聊天起不到效果，我们就要注重说话的逻辑性，以求达到环环相扣，层层深入，由表入里的讲述效果，引导对方看清问题，进行开放性、有建设性的讨论。这种讲述风格的优点是，通过设置一些逻辑陷阱，比较容易制造出意外性和趣味性，引诱别人继续听下去，保持倾听或阐述的兴趣。就重大问题沟通时，也容易起到让人眼前一亮的效果，具有很好的说服和劝慰效果。

案例1：用对方的行为推导出不利的结果

在春秋时期，晋国拉拢秦国，联合出兵包围了郑国都城。两大强国夹击之下，郑国可谓危在旦夕。郑文公便派烛之武去见秦穆公，想靠一张嘴来劝说秦国退兵。虽然这件事情成功的难度很大，但烛之武充满自信。见到秦穆公之后，他说："秦、晋两国联军围攻郑国都城，郑国人知道自己死路一条。如果郑国灭亡了，对秦国有好处，那么，您出兵助晋国也值了。"

说到这里，烛之武故意停顿了一会儿，然后接着说："但是，秦国与郑国之间隔着拥有大片疆土的晋国。郑国灭亡了，只会对晋国有利。你何必帮助晋国壮大自己呢？到时候晋国版图扩大，就是贵国实力的削弱啊。"

见秦穆公有所思虑，烛之武又接着说："再说，那个晋国哪有满足的时候呢？等灭了郑国，晋国的疆土扩大了，它还会再向西方扩张，到时候肯定会打贵国的主意。"

秦穆公一听，觉得很有道理，就问："道理是对的，但阁下有何高见呢？"

烛之武说："如果郑国能够保留下来，作为你秦国东方通道上的接待站，这

对你并没有害啊。所以，帮助晋国攻打郑国，养肥晋国的做法，您还是三思而后行啊！”

秦穆公听了烛之武的劝说，立刻与郑国签订了合约。晋国见势不妙，无奈之下也就撤兵了。

在这个案例中，烛之武沿着秦穆公的逻辑进行讨论——秦国正与晋国联合攻打郑国，秦穆公认为这件事是有好处的。他没有推翻这个逻辑，而是对其进行推导，最终得出一个结论：灭掉郑国对晋国是最有利的，但秦国未必能得到好处。于是，秦穆公发现自己跳进了一个陷阱，而且还是自己挖好的。

当面临重要的说服任务时，前 5 分钟是非常关键的。你要保证自己的逻辑不触及对方的出发点，否则，气氛搞僵了，就很难继续谈下去，对方也不会有兴趣耐心地听。烛之武的思路给了我们积极的启发，首先接受对方的逻辑，然后在这个基础上得出自己的结论。

案例 2：抓住对方观点的漏洞，聪明地进行引申

辜鸿铭在国外时，有一次房东太太见他在桌前跪拜，行叩头的仪式，就用蔑视的口气问：“喂，这个小伙子，你叩头叩得这么认真，你的祖先会到你这里来享用酒菜吗？”对中国人来说，这是一种极具伤害的挑衅，也是一次很不友好的对话。辜鸿铭感觉自尊心受到了羞辱，当然十分生气。但他没有大发雷霆，而是彬彬有礼地回应道：“想来，你到处给你们的祖先奉上鲜花，他们应该可以闻到鲜花的芳香吧？”

房东太太听了，禁不住笑起来，本来剑拔弩张的气氛，被这句聪明的回应化解了。继而，两个人便交流起了东西方文化和习俗的区别。

在这个故事中，辜鸿铭看似平静的回应，实则充满了智慧。他首先顾及了双方的关系，作为一名独居国外的房客，是不能与房东把关系搞僵的。其次，他又要用恰当的回应为自己找回自尊，同时，还不能让这次对话伤害到双方的关系。他的选择是，抓住对方话语中的漏洞，利用房东太太的逻辑，把对方的习俗拿出来对比，进而让她感到自己的观点是不对的，于是化解了一次针锋相

对的潜在冲突。

我们在生活和工作中经常遇到类似的情景——对方的观点是错误的，可碍于他的身份，你又不能当众顶撞，直接反驳。因为这会破坏你们之间的关系，对今后的交流造成不利的影响，而且不利于事情的解决。此时，怎么办呢？怎样既不影响聊天氛围和彼此关系，又能捍卫自己的立场？方法就是，用彼之矛，攻彼之盾。运用对方的逻辑展开讨论，直到推导出一个错误的结论，令他自己发现问题。这是最聪明的做法。

用滞后思维领悟对方观点是一种聊天技巧

在思维领域，延迟反应又称作“滞后思维法”。简单地说，就是指人们在认识一个事物或跟一个人沟通时，不要立刻进行思考、回应或采取行动，让思维的反应延迟一会儿，以等待对方的表态或行动。这体现在沟通中，就是要在对方说完后，让自己停一会儿再表态，不要着急说出你的看法，或者急于对他的见解进行评价。因为对方很可能会把最重要、最真实的想法留在最后，一开始告诉你的并不是他的底牌。

一个人当时没有反应，不代表他的心里没有答案。学会延迟反应，可以给沟通留出足够的想象空间。这是一种“善解人意”的聊天技巧。

案例 1：醉翁之意不在酒，说实话也可能得罪人

商代末期，商纣王通宵喝酒，而忘记了当时是什么日子。他问左右的人，都不知道。他派人去问箕子。箕子对他的从人说：“身为一国的主人，而让一国的人们都忘记了月日，国家就很危险了。一国的人都不知道，而只有我一个人知道，我也就很危险了。”于是箕子对使者推辞说，自己喝醉了酒，也记不清是什么日子了。

这个案例中，箕子从纣王的询问中嗅出的不仅有问题，而且有危险。他能从一次问话中看到隐藏的问题——如果我实话实说，对方会怎么想呢？然后，就能想到一系列不可预料的后果。因为纣王是一个残暴多疑的国君，极有可能觉得他太聪明而下令杀掉他。

现实中有些场合也是这样。上司发现一个工作他没做好，过来找你聊。你如

何回答呢？很多人对这个问题的回答都是："我一定努力表现，把知道的都说出来！"可实际上，有时候延迟一下反应才是最好的选择。比如："我也不太懂，您让我想想。"即便你要说出自己的看法，也要停一会儿，别立刻就报出答案。这么做的目的是让对方产生心理上的舒适感，然后他才能真正愿意听你讲下去。

案例 2：听到和看到的不一定是真的，别急着下结论

魏明帝曹睿死时，太子年幼。大将军司马懿与曹爽共同辅佐太子执政。曹爽是皇室宗族，自从掌握大权后，野心勃勃，要独揽大权。但司马懿是三朝元老，功劳高，有威望，而且谋略过人，在朝廷中有相当大的势力。因此，曹爽还不敢公开与司马懿斗。而司马懿也想夺权。他早把曹爽的举动看在眼里，但表面上仍然装糊涂。后来，他干脆就称病不上朝了。

曹爽虽然一人独揽朝廷大权，可他对司马懿仍然不放心。司马懿虽然自称年老多病，不问朝政，可他老奸巨猾，处事谨慎，谁知他是真有病，还是假有病？当初武帝曹操创业的时候，听说司马懿胸怀韬略，多次派人请他出来为官，可司马懿出身士族，自视高贵。司马懿瞧不起出身寒门的曹操，不愿在他手下做官，就装病在家。后来司马懿见曹操的势力强大了，才出来跟随曹操，为曹操出力。这一次有病，谁知他是不是故伎重演呢？因此，曹爽对司马懿不敢掉以轻心。他经常派人打听司马懿的情况，可就是摸不到实情。

河南尹李胜讨好曹爽，得到曹爽的信任。曹爽就把李胜召到京城，任命他为荆州刺史。李胜临去上任时，曹爽安排李胜以探望为名，到司马懿府中去探听虚实。李胜在客厅坐了很久，才见司马懿衣冠不整，不断地喘息着，由两个侍女一左一右地架着，从内室慢慢走出来。

李胜行礼问安。司马懿的儿子却说："李大人免礼罢。家父身体难支，还未更衣。"就在这时走过来一名侍女，用盘子端着一套衣袍来到司马懿面前，请司马懿更衣。司马懿颤抖着伸手去拿衣服。刚拿起衣服，他的手无力地往下一垂，衣服掉在了地上。

在侍女的搀扶之下，司马懿躺在榻上，喘息了很长一会儿，才上气不接下气

地说："喝……粥……"他拿不住碗，只能依靠侍女用汤匙喂食。喝粥的过程中，司马懿表现得也是丑态百出，最后还气喘吁吁地说："我老了，又患病在身，活不多久了。我不放心的是我的两个儿子。你今天来，我很高兴。我以后就把两个儿子托付给你了。"

说着，他的眼中流下泪来。李胜此时也看不下去了，见他已经病入膏肓，连忙告辞说："太傅您不必伤心，我们都盼着您早日康复呢。我马上要到荆州赴任，今天特意来拜望您，向您辞行的。您的身体会好起来的，以后有机会进京，我会再来拜望您的。"

然而，李胜刚出府门，司马懿就从椅子上站了起来，手捋胡须，和儿子两个人相视而笑。

出了太傅府，李胜就直奔曹爽府中。他见到曹爽，高兴地说："司马懿人虽活着，却只有一息尚存，已经老病衰竭，离死不远了。他不值得您忧虑了。"曹爽听了，心中大喜，当即把李胜留在府中，饮酒庆祝。从此以后，他根本就不把司马懿放在心上，更加独断专行。

到了春天祭祖时，趁曹爽与宗族成员出城祭扫高平陵，司马懿果断行动，带领司马昭、司马师披挂上马，率领精锐士兵占领了洛阳各城门与皇宫，把洛阳城四门紧闭，不准人随便出入。然后，他假传皇太后的诏令，废曹爽为平民，最后又下令把曹爽兄弟及其亲信桓范、何晏等人全部诛杀，从此掌控了魏国朝政。

这个例子表明，你从别人那里听到、看到的一切，都未必就是他的内心所想，也许只是他想让你听到和看到的。如果你急于反应，就会很容易被误导。诱导式聊天的关键，就在于必须揣摩对方的真实意图，以免误判他人的想法。

第一，领悟弦外之音。在很多时候，人们说话时都会把真实意图埋在字面意思的下面，并非是我们听到的那样，然后，希望你能听出来并理解他。因此，必须在聊天时充分地领悟对方的真实意图，并以此做出反应，否则，就容易造成沟通的误解。

第二，不要急于下结论。即使你听到和看到了足够的信息，对方阐述得十分充分，你也不要急于作出结论。多想一想，再问一问，也许才能看到他的真实想法。有个成语叫"后发制人"，讲的就是延迟反应的重要性。

第六章

用有温度的辩论，创造皆大欢喜的局面

当你说出底线时，要先尊重一下对方的意愿

如果你要在辩论中成功地说服一个人，就要使你的提案让对方觉得这对他来说是有利的。

如果你能够帮助他人，满足他人所需，在这个过程中你的需要也会得到相应的满足。如果你在聊天时可以让案例、数据与自己的观点充分结合，就能够创造活跃与有益的氛围。

古罗马哲学家爱比克特德曾经说："任何一样东西都有两个把手，抓住易搬的那一个，就可以轻松地搬走。"这句话的意思是，不管做什么，你都要找到一个容易着力的点，否则，你就搬不动挡在面前的物体。

许多时候聊天都有辩论的部分，不是你想说服他，就是他想说服你。如果你要在辩论中成功地说服一个人，就要使你的提案让对方觉得对他自己是有利的。

这就是爱比克特德提到的"把手"，也是你要看到的每个人为人处世的基本原则——你要对他的原则保持最基本的尊重，照顾他的需求，才能发现，并抓住这个着力点。

尊重一个人的原则，就等于抓住了说服他的"把手"。

"为什么你不能照顾一下对方的感受？"

凯莉在和闺密吵架。两个人从上午吵到中午，两个人都阴着脸，互不退让。最后凯莉气恼地说："为什么你不照顾一下我的感受？"

你听，这是人们常说的一句话，也是人们常采取的立场。生活中、工作中，

人们虽然不会动不动就张嘴吵架，但当碰上不顺心的事时，也会激烈地指责对方。每个人可能都觉得很委屈，认为对方不照顾自己的感受，才造成了这种僵持的局面。

凯莉说：“她是我的好朋友，可一点儿也不为我着想。每次要共同决定一些事情时，我的观点都不受尊重，最后必须听她的，按她说的做，才不会吵架，否则，就水火不容。看来，我把她当朋友，她却不把我当朋友。”

凯莉的朋友错在了什么地方？也许没有大错，也许她的坚持是对的，但这并不能赢得朋友的认同。因为生活中并不是只有是非，有时候是非对错不是关键，同理心才是人性共同的需求。这说明，当你要宣示自己的要求时，必须考虑一下对方的原则，找到那个着力点。尊重他的原则，他才会反过来照顾你的想法。然后，你们各自的原则可以融合一下，形成共同的立场。

我们面对他人时经常会发现，对方或许根本就毫无道理，但他自己却毫不自觉，有时还自以为是，胡搅蛮缠。这样的聊天一定是失败的，氛围也会冰冷异常。不过，你不要急着跳脚谴责他，在宣示底线的时候，先冷静地认真想一想：“他为何这么坚持自己的看法？”

沟通中有了争执，思考一下对方的理由，而不是愤怒地斥责他的固执。带着这个出发点去跟他交流，满足他的需要，然后，争取他也满足你的要求。这样做能确保有温度地聊天。

不要只在意你自己的想法。美国知名演说家、作家和销售大王金克拉说：“如果你能够帮助他人，满足他人所需，在这个过程中你的需要也会得到满足。”但是，假如你只在意自己的立场，想强压对方一头，说话就像在进攻敌人的阵地，你就无法在对话中感受到对方的诚意和他对你的尊重。进而，也收获不到沟通的满足感。事实就是，如果你只看到自己的底线，就一定得不到别人的尊重。

有温度的辩论就是要重视对方。任何一种聊天，都应秉持尊重的原则，重视对方，并在言谈中给予对方敬意，而不能侮辱、歧视和损害对方。前者让聊天成功地进行，后者冻结聊天，杀死双方的关系。一场有温度的聊天，不仅是对言辞表达的要求，更能体现一个人的品格修养。

尊重才能“暖人心”

我的一位客户波顿是一家跨国酒店驻中国的外方经理。他的工作十分认真。波顿到中国的时间不久。这是他工作时的一个劣势。因为他对中国人的沟通方式完全不了解。

有一天，他在检查酒店客房时发现，房间里的地面、窗帘、浴室都打扫得干干净净，几乎没有灰尘，床铺也很整齐。对此他很满意，但在准备离开客房时却突然发现了一个严重的问题：茶几上茶杯的朝向摆错了。

按照酒店的要求，这几个茶杯上的字的正确摆向应该是朝向门口，让客人一进门就看得见酒店的名字，借此细节来传达酒店的品牌形象。但现在，茶杯上酒店的名字却看不见了，起不到宣传的作用。

波顿极为恼火。他马上开会，当众斥责服务员在工作中粗心大意，不负责任。而这位服务员虽然自知工作失职，但终因受不了被人当众斥责的尴尬，当场与波顿顶撞起来。她认为，这只是一件小事，是经理在鸡蛋里挑骨头，小题大做。两个人聊得十分不愉快，大吵一架后不欢而散，问题也没能当场解决。

事后，在与中方经理沟通后波顿才恍然大悟，认识到了自己在沟通中的问题。外国人讲究规则，中国人则讲究面子。他当众指责服务员的行为难免让她感到自尊心受损，下不了台，明知自己有错，也会死不承认。这样激烈的交锋，是解决不了问题的。

于是，波顿在第二天找那位服务员进行了再次沟通。当他再次出现在这位服务员正在整理的房间时发现，这回茶杯摆对了，他们相视而笑。波顿对于昨天起冲突一事向她道了歉，认为不应该在众人面前挫伤她的自尊心。但是，他又强调杯子的摆法是非讲究不可的，因为它关系到酒店的品牌意识。

这次，波顿寓理于情的态度让这位服务员分外感动。她从内心深处认识到自己工作的疏忽所带来的后果。从此，她格外注意这方面的细节。两个人的第一次沟通虽然激烈，却以失败告终；第二次沟通虽然温和，没有严厉地讲明问题的严重性，却成功地解决了问题，并维持了双方良好的工作关系。原因就在于，即使对方有错在先，我们也要采取富有人情味的沟通方式，尊重对方的基本需求，照顾到对方的想法，才能顺利地去宣示自己的要求。

这个世界上，任何事物都是相辅相成的。你打心眼儿里尊重别人，别人才会尊重你。生活中的聊天和工作中的辩论均是如此——你敬我一尺，我敬你一丈；互相尊重，才是有温度的沟通。否则，双方互不尊重，一见面便互相指责、攻击，就实现不了有效的交流。

规律和数据，一定要拿出确凿的证据

诺曼·文森特·皮尔作为美国著名的演讲家，他的思想通过收音机与电视机被无数人所接受。他是一个演讲的高手，最喜欢用实例来支撑自己的观点。在一次采访中，他这样说：

“我最好的讲话方式就是用真实的事例。这样能让论点更清楚、更有趣、更有说服力。通常情况下，我的每个论点都会用好几个例子去证明。”

诺曼的成功之道，就在于他喜欢使用确凿的证据来支持自己的观点。在表达立场和发表见解的时候，既要言之有物，又要让自己的表达逻辑严谨，才能取信于人，创造积极的沟通氛围。虽然规律和数据的作用并非无可置疑，但最好的沟通方式仍然是用实例作为支撑自己观点的论据，通过层层深入、有理有据地剖析，方能让我们的观点鞭辟入里，让听者打心里认可，愿意继续听下去。

在伽利略之前，古希腊的亚里士多德认为，物体下落的快慢是不一样的。它的下落速度和它的重量成正比，物体越重，下落的速度越快。比如，10 千克重的物体，下落的速度要比 1 千克重的物体快 10 倍。

从亚里士多德之后的 1700 多年中，人们一直把这个违背自然规律的学说当成不可怀疑的真理。但年轻的伽利略并不相信。他根据自己的经验推理，大胆地对亚里士多德的学说提出了疑问。经过深思熟虑，他决定亲自动手做一次试验来说服人们。要知道，如果不拿出充足的证据，人们不会相信他这个毛头小伙子。因为大家都有崇拜权威的习惯。

他选择了比萨斜塔做试验场。这一天，他带了两个大小一样但重量不等的铁球，一个重 100 磅，是实心的；另一个重 1 磅，是空心的。伽利略站在比萨斜塔上面，望着塔下。塔下面站满了前来观看的人。大家议论纷纷。有人讽刺地说："这个家伙一定是有病了！亚里士多德的理论不会有错的！"

于是试验开始了。伽利略两手各拿一个铁球，大声喊道："下面的人们，你们看清楚，铁球就要落下去了。"说完，他把两手同时张开。人们看到，两个铁球平行下落，几乎同时落到了地面上。所有的人都目瞪口呆了。伽利略通过有理有据的试验，揭开了自由落体运动的秘密，推翻了亚里士多德的学说，用事实说服了人们。现场看到实验的人都心服口服，从此，确立了伽利略的学术地位。

人们在聊天时喜欢阐述观点，但更喜欢看到一个观点有翔实的证据支撑。证据是打消人们疑虑的最佳工具。我的朋友、公司的合伙人之一多明戈负责一个关于沟通的项目。他用 6 个月的时间访问了几十名世界级企业的管理者，发现这些优秀人士都有一个非常棒的优点：在和下属、客户聊天时，善于举例和列出详细的数据，让人心服口服。

多明戈说："尽管数据和例证不一定是最可信的，但它总比那些理论性、常识性但又空洞无物的语言更有说服力。人们在接受一个观点时，潜意识中都希望听到有相应的实例证明，或者有可以对比验证的数据，否则，不会给他们留下太深刻的印象。"

如果你在聊天时可以让案例、数据与自己的观点充分结合，就能创造活跃、有益的气氛。人们总是愿意相信这样的聊天对象，因为你说的话是有说服力的，难以驳倒。

学会说话只需要几年，学会闭嘴却需要几十年

“懂得闭嘴”是人们不容易学到并领悟的一个沟通原则。我们用几年的时间便学会了说话，但要用几十年的时间才能学会闭嘴。通常来讲，只有对生活拥有丰富阅历和历经沧桑的人，才明白聊天时适当沉默的好处。沉默意味着我们的内心要趋于沉静，对外界的观察要更加仔细，不要急于说出自己的观点，要针对性地训练自己控制语言的能力。

一天，一个走投无路的流浪汉走进一座寺庙，看到菩萨坐在莲花台上受到众人膜拜，他非常羡慕。

流浪汉问：“我可以和你换一下吗？”

菩萨回答：“可以，只要你不开口。”

流浪汉心想这还不容易，不就是闭嘴不说话吗？于是他便坐上了莲花台。他的眼前整天嘈杂纷乱，要求者众多。不过他始终忍着没开口。

这一日，来了一位富翁。

富翁祈求道：“求菩萨赐给我美德。”磕头，起身，他的钱包掉在了地下。流浪汉刚想开口提醒，他想起了菩萨的话，于是闭紧了嘴巴。

富翁走后，来的是一个穷人。

穷人祈求道：“求菩萨赐给我金钱。家人病重，我急需用钱。”

他磕头，然后起身，看到了一个钱包躺在地上。

穷人大喜道：“菩萨真显灵了。”他拿起钱包就走。流浪汉想开口告诉他，这不是显灵，是别人丢的东西。但这时他又想起了菩萨的话。

此时，进来了一个渔民。

渔民祈求道："求菩萨赐我安全，出海没有风浪。"

他磕完头起身，刚要走，却被又进来的富翁揪住了。为了钱包，两个人扭打起来。富翁认定是渔民捡走了钱包，而渔民觉得受了冤枉无法容忍。

流浪汉坐在上面再也看不下去了。他大喊一声："你们住手！"之后把一切真相告诉了他们。当然，一场纠纷很快就平息了。

菩萨现身说："你还是去做流浪汉吧。你开口以为自己很公道，但是，穷人因此没有得到那笔救命钱，富人没有修来自己的好德行，渔夫出海赶上了风浪葬身海底。要是你不开口，穷人家人的命就有救了，富人损失了一点儿钱但帮了别人积了德，而渔夫因为这场纠纷无法上船，躲过了风雨，就不会丢掉性命。"

控制语言的目的，并非是一般意义上人们所认为的那样为了避免"言多必失"的错误。担心泄露秘密，忧虑会得罪人之类的原因——其实言多未必有失，只要你讲得有道理。实际上，这么做是为了训练我们自己的内心，强化意志力，同时提升自己说话的分量。要少说话，但要说有分量的话。一旦开口，就要争取给对方留下深刻的印象。

一个懂沉默的人，人们都会跟他交谈

我的一位朋友洛克在生活中是一个话很少的人。他也没多少钱，过着隐客一样的生活。奇怪的是，他在社交场所的受欢迎程度超过了我们所有人。洛克至少一个月参加一次聚会。平时他也很少跟人电话交流，但当他在聚会上出现时，人们总是愿意跟他聊上 10 分钟。

"那个家伙是最好的聊伴，是最合适的听众。"

大家都承认，他不是倾情于社交的人，但却懂得恰到好处的沉默。他不喜欢与人争辩，而是耐心地听听对方讲什么，说话的态度令人如沐春风，因此大受欢迎。

洛克自己说："我喜欢坐在那里耐心地听一听大家讲的东西，喝一杯酒，什么都不说。有人兴高采烈地讲述自己的成功史，有人悲怆地痛斥那个骗光他家财的阴险小人，也有人倾诉被人夺妻之恨。总之，我听到的很多事情都不是好消息，但我听过就忘了。第二天早晨醒来时，我对昨天的一切都恍如隔世，就像什么都没有发生过。然后，我会连续几周都不露面。我不喜欢去找人聊天，但人们都来找我。因为人们需要一个理解他的倾听者，而不是动不动就反驳他、教训他，甚至到处宣扬他丑事的人。”

这是一种很高明的方法。因为处于现代社会中的每一个人，都有过自己不愿说出来的秘密被人当众揭露的窘境，也有曾经因为自己公开评论别人导致大家都陷入尴尬，造成无可挽回的后果的经历。而这一切的根源，无非是因为有人“说得太多，什么都说”。所以，当一个守口如瓶、听得多、说得少的人出现时，人们都更倾向于和他聊一聊，而不是去找别人。

我在北京的邻居小翰是一个可爱的孩子，但他的学习成绩不太好，再怎么努力也不过是中下水平。而另一位邻居小柏跟他同班，却一直名列前茅，家中挂满了奖状，也是老师经常挂在嘴边、号召全班向他学习的好学生。他们两家的父母也都认识，平时经常见面。每次考试成绩公布以后，小柏的爸爸就去找小翰的爸爸聊天，然后就问：“你们家小翰考得怎么样？”

不等对方回答，他就接着“贬低”一下自己的孩子：“哎，小柏这次太粗心了，数学没有考好，得了个全校第二。他真是太不争气了，不知道你有什么办法可以帮我提高孩子的数学成绩？”

在讲这些话时，他的心中十分清楚小翰的数学成绩很差，但仍然问这个问题。他不仅仅是当着小翰爸爸的面讲，还喜欢当着孩子和其他邻居的面讲，有时也对我发表类似的感慨。

如此下去，两家的关系就逐渐恶化了。小翰的爸爸不再搭理他，孩子之间的交往也慢慢地停止。这样一来，两家就成了“仇人”。

生活和工作中，这是十分普遍的现象。你明明知道真相，为何去当面揭开他的伤疤？“明知故问”的“针刺式聊天”是我们应该尽力避免的，不要让自己的好奇心伤害对方的自尊心，尤其对待亲近的朋友或家人。适当的时候，沉默才是赢得对方好感的必要前提。要想别人愿意找你聊，就要学会在恰当的时机闭嘴，给对方留一个回旋的空间。

时时给对方留台阶，是有温度的交谈技巧

全世界的每间办公室似乎都有一个爱八卦的女同事。小芬就是这样的人。什么张三出轨，李四离婚，都是她第一个发布。同事偶尔听听八卦解闷儿也挺高兴，不去追究她信息的来源。不过，一旦跟自己有关，矛盾就不可避免了。

有一段时间，大家公认的工作狂小丽状态很差，上班破天荒地迟到，一脸倦容，仔细看还能看到她脸上、手上有些瘀青。平时小丽虽然在聊天时不太活跃，主动沟通不多，但是人缘也还不错，大家都看出她有事。但她不说，别人又不好意思问，只是默默地为她分摊工作。

有一天，小丽迟到了半天，手机也打不通。她的主管走到办公室询问。这时候小芬来了一句："知道吗，她的老公外面有人了，他们这会儿在法院闹离婚呢！"这下，所有人都听到了。

下午，小丽终于赶到了公司。她向主管解释自己的车子抛锚了，上午送修，因此迟到。一旁的小芬又插话说："别瞒了，你家的事大伙都知道了。现在怎么样啊，孩子判给谁？我跟你说啊，女人可不能太软弱……"

一向脾气温顺的小丽受不了了，直接朝多嘴的小芬发了一通脾气，质问她为何要多管闲事。小芬当然也很委屈，扭头转向主管辩解："大家都是女人，我这不是关心她吗？怎么还吃力不讨好呢？"

主管这时严肃地批评她："你以为大家不知道吗？人家不想让我们知道，肯定有她的难处。我们要是真想帮她，起码要尊重她的意愿。你今后一定要管好自己这张嘴，不然早晚惹出大祸。"没过多久，小芬就因为在工作上犯下了错误，被老板抓住机会解雇了。

要时刻给人留下台阶，保全对方的面子，这是聊天时的底线。在聊到敏感问题时，一个真正有教养的人是温和的，也是适可而止的，他不会穷追猛打。这种温和不仅是在表面，也在他的心里，体现为完全地尊重对方的感受。具体表现在，尽管看到了别人的难处和痛处，也不会当众说出来；发现了对方的缺点，也不会故意显摆自己的长处，而是有意识地给对方留一个台阶，保留他的面子。这样的对话氛围充满了温情，每个人也都想跟他交流，成为他的朋友。

即便你能帮上忙，也不要主动问东问西。人们或多或少会遇到不顺心的事，生活、情感和工作都无法总是一帆风顺。在对方遇到困难时过来找你聊天，有时仅仅是想倾诉一下，然后回去自己解决，并不愿意求助于你。所以，除非对方主动请求帮助，并把事情的原委告诉你，或者事态紧急，不主动伸手相助便有严重的后果，否则，你最好不要问东问西，打探他的隐私。因为目的性很强的探问并不是出于我们的关心，而是在张扬你的恶意。没有人愿意跟这样的人交流。最好的做法，就是在一旁沉默地倾听，充当一个可靠的听众。

用“反问”打破“沉默”，破冰冷场的尴尬局面

有时候，冷场是聊天的某一方故意造成的，是有意为之，而非无话可说。比如，他提出了一个很具挑战性、不好回答的问题，对方无法回答，就只能采取沉默的方式；或者他不想透露关键的信息，因此就有意识地沉默，制造尴尬的氛围，希望你能知难而退，别再追问。

如何应对这种随时可能发生的冷场局面？

考利文是洛杉矶一档体育类知识测试节目主持人，一向以刁钻古怪的提问和充满技巧的采访风格而闻名。有一次，他在主持节目时向一位现场的嘉宾提问。这位嘉宾是美国足球界的专家，还是当地一家足球俱乐部的顾问。

考利文问道：“先生，您既然是足球专家，一定非常了解足球，是吗？”

专家很有自信，答道：“的确是这样。”

考利文说：“OK，那么，有个问题您一定非常清楚，请问：足球门的球网上有多少个孔呢？”

专家一听就知道不妙，这位主持人分明是在“为难”自己。他如果回答不当或者拒绝回答，这个节目就会冷场，气氛一定很尴尬。换成别的嘉宾也一定会沉默以对，但是，他很镇定，不想这样。于是，他不慌不忙地说了句：“能问出这样的问题，说明您也是一位大师级的人物了。”

每个人都喜欢听好话，特别是过誉的好话。于是，考利文高兴地回答：“这是当然的。”

专家接着说：“那么，您一定知道保塞尼亚斯是谁了？”

考利文回答道："知道，他是古希腊一位能言善辩的哲学家。"

专家说道："您回答得完全正确。既然您这样了解他，一定知道关于他的一件事情。雅典的首席执政官听说保塞尼亚斯很有口才，想当众考他一下，就请他出席贵族会议。首席执政官让每个贵族议员提一个难题，然后，让他用一句话来回答所有的难题。贵族议员一个接一个地提了几十个难题，而保塞尼亚斯只用了一句简单的话就回答了所有的难题。您知道他说的是一句什么话吗？"

考利文笑着说道："很简单，这么多难题，他只能回答'我不知道'了。"

专家也笑起来："您回答得完全正确，他确实是这样回答的。那么，关于您刚才提到的问题，我也只能以这几个字来回答了：'我不知道。'"

一个很具挑战性的问题，被专家用幽默的方式化解掉，现场观众纷纷把掌声献给他。掌声未落，专家又突然向考利文提问道："既然您提出了这个问题，想必您知道答案，现在请您把答案告诉我和观众朋友吧。"

考利文没想到专家会突然回击，只得自嘲地笑一笑说："不好意思，我也只能用保塞尼亚斯的那句话来回答，'我不知道'。"现场再次爆发出了掌声。

从这个故事中我们看到，像所有优秀的节目主持人一样，考利文的采访问题充满了挑战性，非常难以回答，十分考验嘉宾的应答技巧。这类问题处理得稍有不当，不仅表明自己的辩论技巧输给了主持人，而且，很有可能陷入尴尬的冷场局面。这位专家采取的方式是"曲线回击"。他没有正面回答，而是跳到了另一个问题上，通过交换式的提问，让考利文也处于和自己一样的局面，并提供了一个答案。于是，两个人都顺利地完成了这个对话环节，并且赢得了观众的喝彩。

第一，抓住适当的时机，采取"有条件"的"反问"来换取对方的回答。不要请对方无条件地敞开心扉，要用交换式提问与回答的方式，体现对他的尊重。比如："我们各自回答对方一个问题。"这种方式非常适合有难度的沟通。

第二，做到有理有据的提问，打破战术性的冷场。即，不要让对方抓住逻辑中的漏洞，而是始终展示出自己交流的诚意。在对话有可能冷场时，诚意和技巧同等重要。只要能表现自己对话的诚意，说出的内容有理有据，就很容易打破当前的僵持局面。

提供他忽略的信息，可以得到对方的理解

纽约的格里利奇储蓄银行有一位名叫詹姆士·艾巴森的出纳员。有一天，他接待了一个客户。根据银行规定，所有客户在办理业务之前都要填一份表格。客户认真地填好了表格，但是，拒绝提供两个以上直系亲属的信息。现场的氛围十分尴尬。

如果银行的新职员遇到了这种情况，可能会直截了当地告诉客户亲属信息必须提供，因为银行有理由拒绝不配合的客户。但詹姆士·艾巴森没有那样做，他知道自己那样做虽然是严格遵守银行的规章制度，履行自己的工作职责，但也会因此而失去一个客户。

詹姆士·艾巴森的做法是，他看了一眼客户的表格，说："先生，打扰一下。我有一个问题想请教您，不知您是否方便。"客户看了看他，然后点了点头。詹姆士·艾巴森说："请恕我冒昧，万一您存在我们银行的钱出了问题，而且我们一时联系不上您，或者您不方便亲自前来，您愿不愿意让您的亲人帮我们联系您，或者代替您本人来处理突发状况？"

客户考虑了一下，说道："我当然愿意。"

詹姆士·艾巴森接着说："还有，万一您突然发生意外，我是说万一，您愿不愿意让您的亲人们来取出您存在这儿的这一大笔存款？"

客户立刻又点了点头道："这是肯定的。"

詹姆士·艾巴森微笑着说："那么，您需要提供详细的亲属信息，把这张表格填写完整。"

客户听了点头答应，按照银行要求填好了自己的亲属信息。艾巴森也顺利地

为这位客户办理好了存款业务。

在这个案例中，詹姆士·艾巴森遇到客户的抵触时，没有拿出银行的硬性规定为自己充当挡箭牌，而是站在客户的角度解释这个规定的意义：如果您需要在万一发生意外时，能够让自己最爱的亲人取出存在银行的钱，那么，留下直系亲属的信息就是十分必要的。很显然，每一位银行的客户都需要准备相关的信息，也有这方面的需求。

就是说：

第一，改变阐述的方式。不要过分强硬地坚持自己的原则，要看看自己的表达方式是否充分提供了对方所感兴趣的信息。有时候，我们的原则与对方的需求并不冲突，关键就在于如何建立一个对接的桥梁，用正确的阐述方式让对方看到他所需要的东西。

第二，提供详细的信息。如果对方确实有需要，即使他没有看到或者并不理解，你也要主动将这方面的信息全部提供给他，特别是被对方忽略掉的重要信息。

第三，为对方设身处地的考虑。每个人都有强大的同理心，只要你为他考虑，并让他感觉到诚意，他就一定能够理解你的立场。重要的是，你的建议必须可以为他解决实际的问题，这样才能获得对方的认可。

运用“高德三问”来应对批判性提问的技巧

在聊天时“批判”对方，很容易造成冷场，引发对方的不满，甚至影响双方的关系。但很多时候，我们又需要这么做，因为对方的确有一些令我们不满的地方。美国著名社会心理学家亚伯拉罕·马斯洛说：“如果你手中只有铁锤，你会倾向把一切问题当作钉子。”很多人提出批评的方式就只有“铁锤”，在沟通中表现出太强的攻击性，反而破坏了对话的氛围，问题得不到解决。

如何既能解决问题，又不至于在对话的过程中让对方感到寒心，破坏双方的关系？我的建议是，学会三种基本提问的方式，即这些年来我们一直倡导的“高德三问”——我们通过对症下药的三个不同方式的提问，快速将对方引入自己提前所预定的思维模式中来，让双方沿着一个共同的轨道进行讨论，思考和解决问题。

权利式提问

如果一个问题你有提问的权利，并且对方也心知肚明，为何不充分地利用呢？现实中每个人都有自己不愿意回答或者对某一领域、某一问题有所抵触的情况。碰到这种情形，对于聊天的双方来说都是一件十分尴尬的事。由于气氛的尴尬以致许多谈话很难继续进行，造成长时间的冷场，甚至没有再次沟通的机会。如果你不能挽回这种局面，那么，就要在出现这种局面之前做充足的准备，以避免冷场或对方拒绝讨论的情形发生。解决这一问题的方案，就是充分利用自己提问的权利，不给对方拒绝的机会。

权利式提问就是，通过向对方提出一个问题，来获得他的允许并提出第二个重要的问题，进而使对方背上回答的义务。比如："我可以问您一个问题吗？""我可以向您请教一件事吗？""关于这一点，我能具体地谈谈自己的看法吗？"面对这些情形，大部分人都是难以拒绝的。你至少可以听到一个清晰的答案：行，还是不行。

这样，你就得到了对方的一个承诺，然后，就可以向对方询问一些极其不好回答的问题或者可以向他阐述你自己的观点。因为之前他已经许下了承诺，你们之间的对话就不会突兀地陷入冷场或者尴尬的局面。他很难不去回答你提出的问题，或者违背承诺，拒绝倾听你的阐述。

因此，当一个人有一些结论或者敏感性的问题需要向对方诉说，又害怕遭到对方直接拒绝时，权利式提问就是一个绝佳的策略。提出一个请求，在得到他的允诺之后，再继续提问，就可以避免尴尬或者冷场局面的出现。

请教式提问

为了让对方回答问题的兴趣最大化，我们在必要时可以采取请教式的提问。摆低位置，向对方求教某些特定的问题，以求探究到答案。因此，它也叫探究式提问。这种提问方式的诀窍是，你所提出的问题都围绕在一个重点的周围——这是对方擅长，有兴趣，并且愿意回答的。它可以是一个，也可以是多个问题的结合。

比如："您是这方面的专家，能告诉我关于……的问题吗？""我不太懂电脑，您能教教我如何处理蓝屏问题吗？"一般而言，对方都不会拒绝这种开场白，你们之间的聊天可以比较顺利地展开。这比直截了当的提问更有礼貌。

不过，虽然请教式的提问效果明显，对方乐为人师，但并不表明你提问的问题越多越好。恰恰相反，如果你的问题过多，不仅会使自己偏离重点，混乱自己的思路，也会使对方因为搞不清谈话的主题而产生不耐烦的逆反心理。到那时，气氛就会有些怪异了。因此，在准备开口之前，你一定要对自己的目标与重点有着十分清晰的了解。

你必须知道自己想要什么，也要明白对方会跟你谈什么。

需要注意的是，在运用请教式提问的过程中，要掌握一个通俗的技巧：由浅入深，由易至难，对聊天话题的顺序做出最为恰当的安排。我们最好把简单的、对方容易回答的问题放在前面，然后逐步深入，创造轻松的聊天氛围，最后，再涉及比较重要、难度较大的话题。在每个话题之间，不要有太长时间的停顿，注意保持谈话的连贯性，这样能让对方自始至终处于一种思考的状态，专注地和你进行讨论，保证聊天的质量，而不是没说几句，就被其他事物吸引了注意力。

引导式提问

当你面对一些不善言谈的聊天对象时，怎么进行一场有深度的谈话呢？这时，引导式提问就起到了非常重要的作用。在对话中，并不是被提问者所有的回答都是你想要的答案，也不是所有的回应或气氛都符合我们的预期，但你可以用必要的问题对他进行引导。这种聊天方式决定了你们两个人中总有一个处于主动，另一个人处于被动，但在恰当的时机双方也可以进行转换。

准备工作很重要。在你想通过提问了解一些信息时，不妨将这些信息先自行整理，挑出其中的重点，然后，根据这些重点设计一个步骤，进行针对性的提示，引导对方讲出他的观点，给出你想要的答案。

比如："你的家乡在哪里，那里有什么旅游景点吗？""再想想看，是不是还有一个环节是我们没发现的？"在尊重对方的基础上，引导他就一些问题提供他所知道的信息。同时，也要在聊天的过程中不时地赞美对方，给其留下良好的第一印象。

引导式提问的原则就是，我们根据一定的初始信息，作出一个假设，然后，再将假设内容讲给对方，而对方反馈给你的也正是你想要了解的信息。如果对方是一个健谈的人，一切都好说，或许不用引导你们就能聊得很好。但如果对方性格内向，引导式提问的作用就显示出来了。

第七章

不打无准备的“战役”，你准备到位了吗

摸准对方的心理脉搏，揣摩他的内心想法

说服是口才的基本功之一。为了能够成功地说服他人，说服者需要在方方面面下足功夫。要知道，“说”只是让对方服的最后一道工序，在这之前，你必须考虑说什么、怎么说、何时说。要想知道说什么，就要先知道对方在想什么；要想知道怎么说，就要先明确自己擅长什么；要想知道何时说，就要先思考对方在等什么。准备工作看似复杂，但它是值得的，因为准备工作到位了，说服就能事半功倍。

说服工作外在呈现出来的是口才战，但本质上却是一场心理战。事实上，无论你想说服谁，都要对其心理有一番揣摩。只有这样，你的说服工作才会有重点，才不会偏离方向。所以说，一个好的说服者，必须有很强的把握能力，特别是对说服对象的心理状态的把握。这种把握要求你通过观察，看对方是紧张还是平静，是悲观失望还是积极向上。不要小看这些要素，它们都对你的“说服战”能否胜利至关重要。一旦我们攻破了对方的心理防线，那么说服工作就是水到渠成的事情。

约翰·昆西·亚当斯是美国第二任总统约翰·亚当斯的长子，也是美国的第六任总统。他有一个让记者很是头痛的习惯，就是很少在公众场合发言，更绝少给记者采访的机会。虽然各路记者尝试过各种不同的办法，但都没有成功。不过，最终有一个女记者却成功地“说服”总统接受她的采访，这究竟是怎么一回事呢？下面就是这件事的经过。

这位记者提前通过各种资料获悉，总统喜欢独自行事，不喜欢与人交流，是个很难对付的“硬角色”。不过她还了解到总统有一个生活习惯：很早起床，然

后散步、骑马或者到河里裸泳。知道这些后，女记者便决定去碰碰运气。

当天早上，女记者很早就来到总统必经的小道上，并在总统路过时和对方打招呼。总统当时不知道对方是记者，便和她简单聊了几句。记者发现，总统真的是不喜欢与人交流，因为短短的几分钟时间，总统就看了好几次手表，不过她也意识到，这么早让总统接受采访肯定不现实，而且对方显然也不耐烦。

两人告别之后，她悄悄地尾随在总统后面，跟着他来到了一条河边。总统脱光衣服跳入河中，女记者便快步走上去，坐在衣服旁边。她装作不经意间才来到这里的样子，并说道："总统先生，早上好！我没想到你会在河里游泳，真是冒犯了。刚才走得有点匆忙，我还没来得及自我介绍。其实我是一个记者，想采访你几个问题，可以吗？"

总统满脸通红，而且担心自己裸泳的形象会被这位记者曝光，所以内心十分忐忑不安。不过，对总统而言，女记者刚才提出的采访请求有点儿无理取闹，他便低沉着嗓音说道："我在游泳，而且也不想接受采访，请你走开！"

总统的心理状态自然没有逃脱女记者的眼睛，女记者从容不迫地说道："总统先生，不要误会，我只是想问你几个关于国家银行的问题。事实上，我以前到白宫找过你几次，但每次都被拦在了门外。后来，我知道了你的生活习惯，便一大早赶来见你。你可以不接受我的采访，但我会一直坐在这里等下去的。"

总统自然不想这样僵持下去，便对记者说："采访可以，但至少也要等我穿好衣服吧。这样，你先到旁边的树丛里去，我穿好衣服后就接受你的采访。"

女记者笑着说："那可不行，万一你穿上衣服再拒绝的话，我也拿你没办法。如果你一定要上来也没关系，我记得河那边有几个钓鱼的人。"

最后，亚当斯总统只能无奈地屈服了，在水中接受了女记者的采访。

客观来讲，女记者的说服方式有点儿无赖，但我们不得不佩服她的精明以及在洞察总统心理方面的智慧。在总统必经的小道上的那次寒暄，她果断地放弃了说服总统接受采访的请求，因为她知道强硬坚持只会适得其反。而在河边的这一次，她把握住了总统的心理状态，知道总统除了答应自己的采访请求之外，没有其他选择。

虽然摸清对方的心理对于我们的说服工作至关重要，但有个前提条件同样重要，就是你必须快速地从对方的表情、动作等身体语言中解读出对方的心理。事实上，这种解读并不难，比如，人们紧张时会拉衣角、流汗等，人们喜悦时会手舞足蹈等。事实上，人们的心理状态绝大部分都会表露在外，想要捕捉完全可以做到。一旦你对对方的心理状态作出了正确的评估，就可以采取后续措施了。捕捉对方心理是一方面，采取恰当的说话策略则是另一方面，即便如此，它也有一些行之有效的普遍规律，比如，对方紧张时，你要巧妙舒缓；对方悲观时，你要适当鼓励。

把握最佳时机，让交谈恰到好处

说服是一项颇有技术含量的工作，不是谁都可以随随便便地说服或者被说服。为了把这项工作很好地完成，人们需要在不同的地方着力，比如说话时机。那些能在恰当的时机说出恰当的话语的人才是真正会说话的人。如果说话的时机不对，即便你的话很有道理，也往往只会收效甚微。

出生于清朝末年的贵族裕容龄从小就表现出卓越的舞蹈天赋，但是她的母亲认为，作为清朝一品官的女儿，在人前跳舞有失身份。因为母亲的这一态度，所以裕容龄虽然很想学习舞蹈，但始终不敢向父母提出。

后来，裕容龄的父亲被派往日本出任公使，家人也一同前往。一天，有位日本大臣的夫人前来看望裕容龄，顺口问裕容龄是否会跳舞。在得到否定回答后，那位夫人就问裕容龄的母亲："你家姑娘怎么不学跳舞呢？在我们日本，像她这般大的姑娘可都在学呢！"

听到那位夫人如此说，裕容龄格外开心，赶紧向母亲说道："好母亲，我以后就学日本舞蹈给你看，怎么样？"说完后，她换上了衣服，并跳了一支古典舞蹈，受到客人的连连赞美。最后，母亲也同意了她学习舞蹈的想法。

如果放在平时，裕容龄学习舞蹈的请求自然会被驳斥，但这次不同。首先，大臣的夫人已经说了"日本女孩都学舞蹈"，而中国女孩不学的话就会落伍，自然对不住大清的脸面。其次，在大臣夫人面前向母亲提出学习舞蹈的要求，如果母亲不答应，自然会显得不够开明。在这样的环境下，裕容龄的母亲自然不好对女儿的请求说"不"。

时机的作用是双向的：对他人而言，代表着尊重；对自己来说，则代表着效率。要知道，如果说服的时机不对，则非但达不到预期的效果，还会引起对方的反感。只有当对方对你的话感兴趣的时候，你说的话才有效果，才能达到预期目的。

蒋坤是一家公司机房的管理员。因为机房没装空调，计算机经常在高温环境中运行，所以总是出问题，经常需要维修。蒋坤多次向老板提出要安装空调的事，但老板总是以经费紧张为由推托。其实，蒋坤心里知道，老板是觉得他出于私心，想在自己办公的地方装上空调，而公司其他人都是在没有空调的环境下工作的。无论蒋坤如何辩解，都无法改变老板的态度。

年末的时候，老板带着大家外出旅游。在一个文物展览馆里面，大家发现有些文物出现了破损的情况，讲解员就向大家解释：“这是由室内气温变化大导致的。因为部门缺乏经费，所以室内没装空调，结果夏天温度特别高，冬天温度又特别低。如果有空调，则这些文物肯定会保存得更好。”站在一旁的老板听完后，不禁感慨起来。

蒋坤看到老板的神色，觉得此时正是向老板提出给机房装空调的最佳时机，便说道：“老板，其实咱们机房总是出问题，和这个道理都差不多。”让蒋坤喜出望外的是，老板当即就说：“这样，回去就让财务拨款买空调。”

蒋坤最初和老板提出装空调，被视为有私心。倘若讲解员在介绍了空调对文物保护工作的价值后，蒋坤没有提空调的事，那么后续机房再出问题，老板肯定会责怪他。然而，蒋坤把握住了这次机会，而且成功地说服了老板购买空调。可见，在恰当时机说的一句话，比平时的一千句话还管用。

既然说话的时机如此重要，而时机又稍纵即逝，那么究竟该如何把握呢？其实，说话的时机虽然要视具体情况而定，但仍然有一些规律可循。比如，当对方心情舒畅的时候，谈求助方面的事情就容易一些；而如果对方心烦意乱，就很可能得不到帮助。当对方情绪低落的时候，说些令人振奋的话自然会讨人喜欢；而如果对方兴致高昂，你说扫兴的话自然就不会受欢迎。

隐藏自己的真实想法，减少交谈的阻力

心理学家们认为，人类有一种探究的本能，遇事总想知道究竟，以揭示其中的奥秘。这种本能激发了人类的好奇心，并促使人类探索事情的真相。正因为如此，在劝说他人时，为了增强信息的可信度，可以把劝说的动机隐藏起来，从而让对方产生一种“意外”获取信息的感觉。

曾经有一位作家独自住在一栋老房子里。在他院子门口，有一个面积不大但格外精致的小花园。不知道从什么时候开始，经常有一群孩子在花园里嬉戏，而且非常吵闹，经常会打扰到他构思作品。有那么两次，他冲着孩子们嚷了几句，结果孩子们都被吓跑了，但第二天他们依旧出现在小花园里，而且吵闹声更大。

后来，这位作家决定改变策略。一天下午，看到那几个孩子正在玩耍，他走过去给每个人 10 元钱，并说道：“说实话，以前驱赶你们是我的不对，现在我才发现有你们在真好，因为这里热闹了许多，我也不显得那么孤单了。这点儿钱算是我的谢意，我希望你们以后也能每天都来，我会每天都给你们发钱。”拿到钱的孩子们都很高兴，第二天依旧来此嬉闹。作家这次又给他们发了钱，不过每个人只有 5 元。虽然比昨天的钱少了一半，但 5 元钱对他们来说也还算不错，所以依旧很开心。第三天，当孩子们又来的时候，作家这次不像前两次那么阔绰，只给每个人发了 1 元钱。从最开始的 10 元钱到现在的 1 元钱，孩子们的心理落差自然很大，临走的时候个个嘟着小嘴说：“这个人太小气了，我们每天玩得这么辛苦，他才给 1 元钱。我们以后再也不来了。”结果，孩子们就真的没有再来。

作家第一次劝说之所以失败，是因为他把自己的目的用一种简单粗暴的方式呈现出来，结果小孩子们自然不愿意听从。后来，他改变了策略，把自己的真实

动机隐藏了起来，反而轻松地解决了问题。这就是隐藏劝说动机所产生的效果。

隐藏动机一般分为两种情况：一种是暗藏，一种是明藏。所谓“暗藏”，就是让对方觉察不到你在隐藏自己的动机，比如，上文中提到的这位作家后来的做法。而“明藏”就是说，对方可能知道你在隐藏动机，但会被你的理由打动，所以也自愿“被欺骗”。与前者相比，后者在生活中更常见。比如，销售员上门推销产品，往往会向客户保证：“我只占用你 10 分钟就可以了，只是随便聊聊，不向你推销产品。”

虽然绝大多数顾客都知道，销售员不可能不介绍自己的产品，但依然抱着侥幸的心理相信他们这一次或许真的如此。销售员会在最短的时间内和顾客建立起感情，而且会在感情建立到位的基础上，试探着介绍产品。此时，很大一部分顾客就会有选择地忽略掉自己对销售员的排斥，进而主动地从销售员的介绍中获取对自己有用的信息。当然，倘若销售员遵守自己的承诺，在谈话期间不提产品，反而会让顾客对销售员产生好感，且能促进下一次见面以及最后的成交。

乔·库尔曼是美国一家保险公司的销售员，曾经想拜访一位名叫阿雷的客户。在打电话预约前，他获悉这位客户是个大忙人，据说每个月至少乘飞机飞行 10 万英里（约 16.1 万千米）。为了能够约到这位客户，他提前在心里盘算好了面对拒绝时自己的应对之词。

“你好，阿雷先生，我是人寿保险销售员乔·库尔曼，是理查德先生让我联系你的。我想抽空去拜访你，看你什么时间方便。”

“又是推销保险吗？抱歉，我不需要，而且我也确实没有时间。”

“我知道你很忙，所以只打算和你交谈 10 分钟，而且在这期间我不会向你推销保险。”

“那好，明天下午 4 点我有空。”

经过乔·库尔曼的积极争取，阿雷同意了他的拜访请求。第二天，乔·库尔曼准时来到对方的办公室。

“我知道你的时间非常宝贵，所以我会严格遵守我所说的10分钟时间时限的。”

谈话开始后，乔·库尔曼用尽可能简短的提问让阿雷多说话。

10 分钟很快就到了，乔·库尔曼主动提出了告别。不过，眼下阿雷正说到兴头上，便对乔·库尔曼说道："没关系，我们再多待一会儿吧！"

就这样，两人又交谈了起来，库尔曼从阿雷先生那里获得了销售、管理方面的信息，而阿雷先生也对库尔曼产生了好感。后来，库尔曼又拜访了阿雷先生两次，并在两人第三次见面后拿到了订单。

很多销售员在拜访顾客的过程中屡屡受挫，就是因为他们不懂得灵活变通。虽然隐藏说话动机带有一定的欺骗性质，但如果出发点是好的，就不必在乎这些细节。对销售员来说，不谈产品可以避免自己的销售行为被扼杀在摇篮里，而且可以趁机了解客户更多的信息。

为了能把动机隐藏得更真实，说服者在进行劝说的过程中需要遵守以下几个原则。

1. 遵守诺言

不管你以什么样的理由开始与对方交谈，都要遵守自己的诺言。当然，如果对方的请求需要你违背自己的诺言，则没必要固守承诺，而需要快速、灵活地转变思路。

2. 语速适中

语速太快会影响对方的倾听和理解，这对双方的沟通效果非常不利。而且语速过快会给对方造成一种压力。在这种压力之下，对方会产生尽快结束这场谈话的心理。

3. 让对方多说话

让对方多说话至少有两方面的好处：从对方身上获取更多的信息；变单向沟通为双向沟通，让对方变被动接受为主动参与。

4. 保持良好心态

心态对于说服工作至关重要，因为心态好，人们的表情才会自然，言语才会得体，双方的沟通才能顺畅。只要沟通顺畅，不给对方造成什么压力，成功说服的概率就会提升很多。

作为一种高明的说话技巧，隐藏动机在劝说他人的时候往往会发挥出非常神奇的效果。不过，你只有在日常生活中有意地去训练和提高隐藏动机的技巧，才能很好地掌握这种技巧。

树立十足信心，发挥超常沟通能力

信心对于说服工作的重要性是不言而喻的。这个世界上的说话高手以及沟通达人，几乎每一个都是自信心爆棚的王者。那些信心不足的人，在人前说话都会有困难，更别提让他们去说服别人了。所以说，要想提升说服力，自信心是关键。如果你自认为已经具备了相当的说服力，那么信心也不会是一种摆设，因为它会让你超水平发挥出你的实力。

纵观古今中外的历史伟人，不难发现他们都有一个共同的特点：做事之前，对自己的能力充满自信。当然，他们的自信有一部分可能来自于自己的天赋，但更多的是自己给自己的暗示。事实上，就说服而言，人们的智力、口才都是达标的，关键是你是否可以理直气壮地把这些东西发挥出来。

如果一个人没有自信，则他在说话办事时，甚至表情上都会显现出乏力的特点。这样的人所说出来的话，往往会被人忽略，更别提让人信服了。你可以想象一下，当一个人怯生生地告诉你一件事情，你的脑子里面浮现出来的肯定是怀疑。相反，如果一个人很振奋地告诉你一个观点，则你多半会对他表示肯定。怯生生就是不自信的表现，而振作就是自信的表现。

一个人是否自信可以从多方面进行观察。比如，购买水果时，你问售货员：“这个瓜甜不甜？”如果对方说“应该不会很酸”或者“也许甜吧”，这就是不自信的表现。遇到这样的售货员，顾客多半不会购买他的水果。相反，如果售货员说“没有比我的瓜更甜的了”或者“我从来不卖酸的”，那么顾客多半会直接购买。

很多销售员可能是抱着实诚的态度来回答顾客的提问，但是有时候，你的实诚在顾客眼里就是没自信、不专业的表现。其实，如果顾客买了之后，哪怕水果真的不怎么甜，也没有关系，你可以给他换，或者让他再买别的水果，然后给他优惠。此时，顾客非但不会对你曾经的“自信式撒谎”有任何埋怨，而且还会觉得你做生意灵活、豪爽。

那么，究竟该如何让自己成为一个充满自信的说服者呢？下面是一些非常实用的技巧。

1. 自我暗示

自信心究竟从哪里来？毫无疑问，很大程度上都是自己给的。或者我们可以换一种说法，叫自我暗示。所谓“自我暗示”，就是指有意识地对自己作出暗示。被称为20世纪“文学神秘人”的詹姆斯·艾伦在他的著作《做你想做的人》中用事实证明，一个人完全可以通过自我暗示彻底改变自己。我们可以接着推论：连自己都可以彻底改变的方法，难道还不足以说服他人吗？

拿破仑·希尔在《思考致富》一书里就如何树立自信这一话题谈了自己的见解：“要树立自信，首先必须摒除那种‘我无论如何都会失败’的想法。恐惧是通往自信之路上的最大障碍。”而且他还提出了培养自信所需要的两个最为关键的要素：自我暗示和集中注意力。

说服他人之前，可以在心里默默地说一声：“我一定可以说服他。”这便是自我暗示的实际应用。

2. 知己知彼

即便没有读过《孙子兵法》的人，也会对“知己知彼，百战不殆”的道理了然于胸。说服虽然不是带兵打仗，但和军事上的两军对垒也有相通之处。试想一下，如果你对说服对象一无所知，那么你靠什么说服对方。所以说，知己知彼的策略同样适用于说服他人。

“知己”很好理解，就是知道自己擅长什么，不擅长什么。这一点很关键，因为你可以在说服的过程中把对方的思路、话题往自己擅长的方向上引导，这就相当于来到了你的主场，优势什么的都会转到你这边。做到“知己”的同时，还要把握好“知彼”。所谓“知彼”，就是要对对方的个人情况有一个大体的认识，既不过高地评价对方，也不轻视对方。如果你对对方有一个清醒的认识，则即便他很难说服，你也不会过于慌张。一个人只要心不慌张，就会更有自信。

3. 声音洪亮

把说话声音的大小作为一个人是否自信的参考标准虽然有些武断，但是不能否认的一点是，很多不自信的人外在的主要表现之一就是说话声音小、吐字不清楚。事实上，这不仅会给他人留下不自信的印象，而且长此以往，一个人的性格也会像他说话的声音一样，渐渐变得柔弱，从而丧失了朝气。

很多第一次上台发表演讲的人都会从有经验的人那里得到这样一条忠告：放开嗓子，让人们听到你洪亮的声音。难道麦克风还不足以让会场的人听到演说者的话语吗？原因当然不在于麦克风。实际上，他们的意思是，当你放开嗓子说话的时候，你就会很有自信，也就不会紧张。说服他人的时候，洪亮的嗓音也会让你产生同样的感觉。

4. 读书看报

说服的过程不单单是让对方“服”，而且还涉及很多“说”的技巧，甚至有时候说得到位了，对方自然就服了。当然，为了保障说得令人信服，你的肚子里必须有“货”。这里的“货”就是谈资。因为在说服的过程中，我们不可能预知所有可能涉及的话题，这就需要我们在平时对各方面的知识多加留意，多储备一些。

获取谈资的途径很多，但最简单有效的办法就是读书看报。试想一下，如果你和一个很喜欢政治的客户坐在一起谈论对刚刚结束的美国总统大选有什么样的感受，或许你们两人的观点都很老套，但这种“跑题”的聊天更容易加深你们之间的感情。谈资丰富了，沟通的氛围就会好很多，且感情也就到位了；感情到位了，说服还会难吗？

塑造良好形象，提升交谈的资本

如果我说“口才在说服工作中很关键”，那么我相信几乎没有人会反对；但如果我说形象气质在说服工作中也很关键，那么我估计赞同的人不多。事实上，形象气质虽然不像口才在说服工作中表现得那么抢眼，但它的价值依然不可低估。

如果我们仔细观察周边的人和事，便会发现形象气质对说服工作有着双向的影响。首先，一个人的形象气质受损，就会很自然地产生紧张、尴尬等情绪。一旦人被这种情绪左右，自信心和说话的逻辑就会受牵连，说服力也会相应地下降。其次，如果两个人的说服力相当，那么受众会更倾向于相信那个形象气质更佳的人。所以，任何忽视形象气质的行为都可能给说服工作带来巨大的障碍。

那么，究竟该如何提升自己的形象气质呢？下面便是对提升形象气质非常有帮助的两点建议。

1. 借言谈举止树形象

（1）使用礼貌用语。“讲文明、懂礼貌”是我们从小就开始接受的一种观念，它绝非小孩在老师或者家长面前表演的游戏。当然，我们可以用“绅士行为”来代替那些像儿歌式的说教，但在具体做法上并没有本质的区别。按照我们中国人的思维，在亲人或者很熟的朋友面前，无须过于礼貌。其实，在熟人面前真正合理的做法应该是忽略掉行为上的繁文缛节，但在用语方面不能随意，比如我们常说的“请”“谢谢”等，该用时不能省。要知道，你的形象气质正是这些看似多余、实则非常重要的要素一点一滴地积累起来的。

（2）发挥微笑的魅力。人的面部表情非常丰富，笑的多样性便是最好的证明。但是在所有的笑容里面，微笑是最贴近人的本能的一种笑。另外，微笑没有冷笑的嘲讽，也没有大笑的夸张，所以更能够温暖人的内心。不管是自己在说，还是听对方说，都要面带微笑。脸上始终保持微笑的人才更有魅力，也更有说服力。

（3）注意谈话时的姿势。如果要在人的言谈举止里面选择一个能够最直观反映出人的形象气质的点，则非“谈话姿势”莫属。交谈时，如果你总是东张西望或者哈欠连天，则势必会给人以心不在焉或者傲慢无礼等不良印象。所以，为了保持交谈的顺畅，重要的是为了保证你的言语在对方心里有足够的分量，就一定要端正自己的谈话姿势，比如最基本的正视对方、点头赞许等。

（4）保持原有的个性和特质。有些人在社交场合总担心没有出众的言论来吸引他人，以至于神情紧张、动作迟缓。其实，这些都是自尊心太强惹的祸。每个人都有自己的性格，言谈举止方面的个性也有很大的差异，只要放松心情，把自身既有的特点发挥出来，就是形象气质的最佳展现。

（5）保持幽默感。在交谈过程中，如果你与对方产生了意见上的分歧，幽默、诙谐的语言就会成为这种尴尬、冲突的缓冲剂。当然，有些幽默感是靠临场发挥的，有些则是平时日积月累的结果。为了提升自己在谈话讨程中的幽默感，平时积攒一些幽默素材还是非常有必要的。

2. 用穿衣打扮衬气质

（1）着装。在着装方面，女性比男性的选择空间大。一般情况下，男士的正装就是西服，而女人则可以根据具体场合、要见的人等在职业装、中性装、时髦装、迷你装之间进行选择。男人的气质基本上就是通过正装体现出来的，而女人则会因为穿衣风格不同而展现出不同的气质。一般情况下，职业装干练，中性装沉稳，时髦装大气，迷你装性感，所以女士在着装方面一般都要多了解一些，且要谨慎选择。

（2）鞋。毫无疑问，皮鞋是人们在彰显气质方面最常用的“工具”。通常，男女在选择皮鞋的时候侧重点不同。男人更在乎鞋料的舒适和质感，而女性则更在乎颜色、款式和风格等。或许是为了满足不同的消费者对皮鞋的多元化需求，有些皮鞋上会有一些饰物。当然，带饰物的皮鞋更适合在私人场合穿，如果在公共场所或者正式的社交晚会，皮鞋还是简单一点儿好。

（3）随身包。曾经有这样一种说法：没有皮鞋，女性连步都不想动；没有皮包，女性连门都不会出。虽然有点儿夸张，但至少说明了皮包在女性穿衣打扮方面的重要性。当然，包本身就像单一的饰品一样，无法衬托人的气质，它需要和人的服装、身份搭配，才能将气质最大化地展现出来。所以，你当天穿了什么样的衣服，以什么身份去做什么事情，都是在选择随身包时不得不考虑的因素。

（4）饰物。饰物虽然只是人们穿衣打扮的附属品，但在人的气质衬托过程中扮演着非常重要的角色。作为附属品的饰物，种类非常繁多，比如帽子、耳环、纱巾、戒指、手链等。任何人都知道，饰物并非越多越好，也绝非越艳越好。为了更好地衬托个人的气质，人们可以结合自身的情况有选择地戴几件饰物，而其中比较大众化的饰物有项链、手表、戒指等。总的来说，在饰物的佩戴方面，要遵循这样一个原则：与其配一身花花绿绿，不如戴一件称心如意。

以上我介绍了言谈举止、穿衣打扮对于形象气质塑造的重要性和必要性。事实上，这两者的关系是互为映衬的。也就是说，即便你穿着得体、打扮时尚，如果言谈举止很轻浮，那么你的得体、时尚在对方眼里都会显得很肤浅；或者说，即便你言谈有礼、举止从容，如果穿着打扮过于随意，那么也无法在对方心里留下很好的印象。

第八章

没有成功说服是因为方式用错了

运用循循善诱的技巧，在交谈中说服对方

说服他人，有很多战略。至于究竟采用哪一种战略，主要看要说服的对象是谁，对方与你的关系怎样。其次，再看你说的事情属于什么性质。是工作方面的，还是生活方面的？是严肃的，还是活泼的？我们固然坚信“条条大道通罗马”，但也应该相信，从我们启程的那个地方到罗马终究会有一条最近的、最适合我们的路。成功地说服对方就是我们的目的地——罗马，而好的战略就是那条最近的、最适合我们的路。

一个美国老人有三个儿子，其中，大儿子和二儿子都在城里工作，小儿子和他一起住在农村。有一天，突然有一个人来找老人，问道：“尊敬的老人家，我希望把你的儿子带到城里去工作，你觉得怎么样？”

老人很生气，愤怒地说：“绝对不行，我现在和他相依为命，他走了，我怎么办？”

那人说：“如果我在城里给你的儿子找个对象，怎么样？”

老人虽然怒气消除了许多，但依然摇着头说：“不行，你还是走吧。”

那个人并没有放弃，接着说：“如果我给你儿子找的对象是洛克菲勒的女儿的话，你觉得怎么样？”

听到这里，老人动心了。

过了几天，这个人又来到了洛克菲勒的家里，对他说：“尊敬的洛克菲勒先生，我希望给你的女儿找个对象，你觉得怎么样？”

洛克菲勒听后大怒：“快给我滚出去，我的女儿不需要你来介绍对象！”

这个人面容依旧沉稳，继续说道：“如果我给你女儿找的对象是世界银行的

副总裁，你觉得如何？”

听到这里，洛克菲勒同意了。

又过了几天，这个人来到世界银行总裁的办公室，对他说：“尊敬的总裁先生，你应该马上任命一个副总裁！”

总裁先生吃惊地说：“这怎么可能，我已经有好几个副总裁，为什么还要任命一个副总裁呢，而且必须马上？”

这个人说：“如果你任命的这个副总裁是洛克菲勒的女婿，你还有迟疑的必要吗？”

听到这里，总裁同意了。

对于这个故事的真实性我们没必要细究，但它里面所呈现出来的沟通的力量却很值得我们思考。美国“超级销售大王”弗兰克·贝特格在对自己近 30 年的销售生涯进行总结时说过这样一句话：“交易的成功，往往就是口才的成功。”事实上，我们也可以把他的这句话换成“说服的成功，往往就是沟通的成功”。人们往往会在一开始对一个人、一件事或者一种观念抱有偏见，但是只要沟通还能进行，就还有希望成功地说服。

上述故事中的这位主人公在开始进行说服的时候无一例外地遭到了拒绝，但最后大家都顺从了他的想法。这个故事至少给了我们两方面的启迪：第一，信心很重要；第二，说话的技巧很重要。有信心，你才敢把那些近似天方夜谭的点子说出来；有技巧，你的说服才能让对方舒舒服服地接受。

在销售行业流传着这样一句话：“会说话，销售就像坐电梯；不会说话，销售就像爬楼梯。”说话的方法影响着你在顾客心目中的形象，而说话的技巧则决定着你说服工作的成败。真正的说话高手能够让对方从你的言谈举止中感受到一种信任，并甘愿被你说服。

有个小伙子到一家大型百货公司应聘销售员，经理让他先试用一天，然后再决定是否正式录用。下班后，经理问他做了几单生意，结果他回答说只有一单。要知道，别的刚参加面试的销售员一天勤勤恳恳地工作下来，至少也能够做成七八单生意，而他一单的业绩在经理看来的确有点儿寒酸。本来经理已经决定让他走人了，但还是顺嘴问了一句：“你这一单的销售额是多少？”

“40 万美元。”小伙子答道。

听到这里，经理半天没缓过神来，因为即便是公司最优秀的销售员也很少有一天销售超过 5 万美元的，而这位才第一天上班的新人却做到了 40 万美元。

“40 万美元……你究竟卖了多少货？”经理略显尴尬且又急切地问道。

“有位先生说要鱼钩，但因为是新手，所以不确定选择什么样的鱼钩。正好我经常钓鱼，对这一方面的知识多少了解一些，便向他推荐了几款。后来在和他的沟通中我了解到，他是一家上市公司的老总，而且空闲时间非常多，对钓鱼的热情也非常高，就把在海上和湖面上钓鱼的工具都给他推荐了一遍。随后，我建议他把大、中、小号鱼钩和鱼线都买了，因为可以在不同的环境感受到钓鱼的不同乐趣。我问他最希望去哪里钓鱼，他说海边，所以就建议他买一条可以在海边钓鱼的小船。结果带他到卖船的分公司后，他选了一艘有两个发动机的帆船。”

听到这里，经理显然已经目瞪口呆，有点儿不敢相信自己的耳朵。

“只是想买鱼钩的顾客，你是怎么说服对方买这么多产品的？”经理问道。

小伙子笑着说：“不，他刚开始只是随便看看，并问了我一下明天的天气怎么样。我说很好，非常适合钓鱼。结果我们的话题就聊到这上面了，后面他的需求都是我一步步地挖掘出来的。关键是我和这个人聊得很投机，而且他也很大方，然后就成交了这么多产品。”

有人会认为这样的例子太过夸张，或者说纯属偶然，因此不具有普遍性。但是作为销售人员，应该能够从中看出这个小伙子对于客户需求的敏感把握。事实上，他并没有用什么特别的技巧，也没有对顾客进行任何欺骗。所有的一切，都是在有条不紊的沟通中进行的。

在交谈中利用其他技巧将赞美的作用最大化

赞美也能说服别人？这是很多人看到这一标题的第一个疑问。当然，赞美本身只是说服的一种方式、一个过程，至于最后是否能够达到自己想要的结果，还需要看我们如何利用其他技巧将赞美的作用发挥到最大化。

王倩在一家建材城当导购，因为长期在销售一线工作，所以对顾客的心理有着非常精妙的把握。一次，有位顾客在一款地板面前驻留了很久，王倩便走上前对顾客说："您的眼光太好了，这款地板是上个月的销量冠军，也是我们公司的主打产品。"顾客问了一下价格，王倩说："这款地板的原价是 175 元一平方米，现在折后的价格是 160 元一平方米。"

"好像有点儿贵啊，能便宜吗？"

"您家在哪个小区？"

"在世纪星城小区。"

"世纪星城应该是市里很不错的楼盘了，听说小区的绿化非常漂亮，而且交通也方便。现在这么好的小区不多了，您能住在那里，真是好福气啊！"

顾客听了这些话，也得意地笑了笑。

王倩接着说："您今天来啊，正是赶上好时机了，我们公司近期正在对世纪星城小区和幸福家园小区做一个促销活动，这次还真能给您一个团购价的优惠。"

顾客为难地说："不过小区现在还没交房呢？没有具体的面积怎么办呢？"

王倩说："这您不用担心，您要是现在就提货还优惠不成呢，因为我们公司按规定要达到 30 户以上才能享受优惠，今天加上您这一单才 27 户，还差 3 户。不过，您可以先交定金，我给您标上团购，等您家面积出来了，再告诉我具体的面积和数量。”

就这样，顾客提前交了定金，一周之后，这个订单也搞定了。

俗话说：“爱美之心人皆有之。”赞美之所以能够成为说服的工具，是因为它抓住了人们爱美的本性。当然，这里的美不是指外表美，而是被人赞美后在心里酝酿出来的喜悦。不过有时候，赞美并不能给他人带来喜悦，反而会让对方尴尬，但也能达到说服的效果。这是怎么回事呢？我们不妨再看一个例子。

胡兵在深圳经营了一家书店，生意也一直不错。曾经有一段时间他特别苦恼，因为尽管店员已经非常用心了，而且店里也安装了摄像头，但书店里的书还是屡屡被偷。于是，他在书店门口放了一个公告栏，上面写着：偷窃是一种犯罪行为。

结果，偷书行为丝毫没有减少，丢的书反而更多了。这让胡兵很是苦恼。后来，偶尔在翻阅一本教人说话技巧的书时，胡兵学到了一种借用措辞来达到说服目的的方法，便决定一试。

第二天，他依旧把公告栏放在门口，只是上面的字换成了：感谢读者的协助，盗书贼已被捉到。结果，接下来几周，丢书的数量急剧下降。

要知道，“偷窃是一种犯罪行为”只是一种痛斥。对那些没有偷书的读者而言，这是一种恶意的提醒；而对那些偷书贼来说，这只会刺激他们的心灵。

相反，赞美的方式对没有偷书的读者来说，就是一种充满善意的鼓励；而对那些偷书的人而言，也是一种警告和提醒：小心，说不定你的行为就会被哪个读者发现。要知道，以前偷书贼只会防范书店管理员和监控器，而现在他们要防范书店里的每一个人。而那些前来买书的读者，因为看到了这样的提醒，也会在心里形成这样一种意识：看来我也要像那些主动举报偷书行为的读者学习。由此可见，这种赞美式的公告可谓一举多得。

幽默是生活的润滑剂，在小幽默中彰显交谈能力

幽默就像是润滑剂，可以减少与他人沟通中的摩擦，化解冲突，可以让你从容地摆脱沟通中的各种困境。幽默感是一个人社交能力的体现，同时也是人们在说服他人时强有力的策略。下面，让我们来看看美国谈判大师荷伯·科恩是如何运用幽默，成功住进“总统房间”的。

一次，荷伯乘飞机到墨西哥城主持一次谈判研讨会。抵达目的地后，他才发现旅馆已经客满，无法为他提供房间。

荷伯当然不接受这样的怠慢，决定施展自己的看家本领。他找到旅馆的经理，问道：“如果墨西哥总统来了，你们会怎么办？你们肯定会为他提供一个房间的，对不对？”

经理回答：“当然，先生。”

荷伯一听，笑着说：“好吧，他没有来，所以，我就先住他那间。”

经理被他的机智和幽默折服了，最后，荷伯顺顺利利地住进了“墨西哥总统的套房”。但是，有一个附加条件，那就是：如果总统来了，他必须立即让出。当然，谁都知道这种可能性几乎为零。

要在酒店居住，首先必须有房间，那么这个房间怎么才会出现呢？很简单，必须虚拟出一个特殊的状况，比如说总统来了。一旦从经理那里得到了会有房间的肯定答复之后，事情就好办了：既然总统现在没有来，那就先由我荷伯来暂住吧。这样的机智幽默，可谓巧妙至极，面对这么睿智风趣的人，经理怎么忍心拒绝呢？

不可否认，有些说服，我们必须多花点儿心思，多动点儿脑筋，而且即便你

这样做了，最终也未必会成功。但是我们也要知道，有些说服只需要你懂点儿幽默，就可以轻松地实现目标。总之，当说服别人答应自己的要求时，我们不妨先幽默一番。只要对方被你的幽默打动了，笑了，自然就会心悦诚服地接受你的观点，你就能取得令自己满意的效果。

幽默是一种善意的表达，而且也会得到很多善意的回应。但是，有时候，我们不经意间的幽默也会给他人造成伤害。这就要求我们在用幽默进行说服时，一定要把握好分寸。大体上讲，我们在用幽默的方式与人互动时，需要在以下几方面多加留意。

1. 留心场合

我们所在的场合大体上可以分为两类：正式场合和非正式场合。在正式场合上，要尽量少用幽默，少开玩笑。在非正式场合，可以针对具体的人，结合具体的事情，说合时宜的幽默的话。

2. 注意方式

所谓的方式，主要是针对人而言，因为同样的幽默放在不同的人身上，所起到的效果可能会截然相反。对那些性格开朗的人，幽默的时候可以适当地夸张一点儿；而对那些性格内敛的人而言，幽默最好儒雅一点儿，不要让对方感到尴尬。

3. 掌握分寸

我们常说“凡事都有度”，幽默自然也如此。如果你不确定自己的幽默是否合适，就最好不要说。

4. 避人忌讳

真正的幽默高手是拿别人的长处来赞美的，而蹩脚的幽默总拿人家的短处来调侃。在运用幽默之前，我们一定要对他人的忌讳或者当地的风俗有所了解，以免在运用幽默的时候陷入失礼的境地。

运用激将式说服技巧，在交谈中加点动人的难听话

所谓“激将式说服”，就是指通过刺激人们的自尊心和逆反心理中积极的一面，激起他们不服输的情绪，并将其潜能发挥出来，从而达到不同寻常的说服效果。这种说服方式在古今中外的历史中很常见，而且不管是涉及战争这类大事，还是诸如购物这种生活琐事，都会用到。比如，女士在挑选化妆品时，往往会因为品牌众多而犹豫不决，不知道该买哪一个好。这时，销售人员不妨这样说：“要不征求一下您先生的意见再做决定吧？”事实上，很多女士都会回答：“我自己可以做主，这事不用和他商量。”这种浅层次的激将式说服就隐藏在日常的沟通之中，很多人甚至都感觉不出来。当然，即便有些激将法被对方察觉出来了也无妨，只要你的措辞得体，就可以实现自己的目的。

需要注意的是，激将法属于一种逆向说服法，需要较高的技巧，运用时需要注意以下几个方面。

（1）激将的对象一定要有所选择。一般来说，可以采用激将法的对象有两种。第一种是不够成熟、缺乏经验的对手。这样的人往往有自我实现的强烈愿望，总想在众人面前证明自己，容易为言语所动，这些恰恰是我们使用激将法的理想突破口。第二种是个性特征非常鲜明的人。他们自尊心强、好面子，而他们鲜明的个性特征就是说服的最佳突破口。

（2）激将法应该在不损伤对方人格尊严的前提下运用，切忌以隐私、生理缺陷等为内容贬低对方。特别是在一些商务谈判中，最好选择“权力高低”“能力大小”“信誉好坏”等去激对手，效果会更好。

（3）使用激将法要掌握一个度。没有一定的度，激将法非但收不到应有的效果，反而可能产生消极的后果。

（4）使用激将法最好隐晦一点儿，不能太露骨，最好是激而无形，不露声色地让对方朝自己的预期方向发展。如果激将法太直接，被对方识破，就会让我们陷入被动。

（5）要知道，最终让激将法产生效用的是你的语言，而非态度。所以，用语要切合对方特点，态度要和气、友善。

激将法本身对说服有着非常大的帮助，但在运用的过程中要因人而异，要摸透对方的性格、脾气、思想感情和心理。比如，对那些理智、老谋深算的“明白人”，不宜使用这一方法，因为他们根本就不会就范。另外，对那些自卑、谨小慎微的人，也不宜使用此法，因为这些人会把那些富于刺激性的语言视作奚落和嘲讽，进而会产生消极悲观的情绪，甚至产生怨恨的心理。

除了在使用时要看清楚对象、环境及条件之外，运用激将法还要掌握分寸，既不能过急，也不能过缓。过急，欲速则不达；过缓，对方可能会无动于衷，甚至无法激起对方的自尊心，也就达不到目的。

在运用激将的过程中，人们总结出了一些更为细化的方法，比如把激将法分为直激法、暗激法、导激法。所谓“直激法”，就是面对面、直截了当地贬低、刺激对方，以达到使对方“跳起来”的目的。所谓“暗激法”，就是有意识地褒扬第三方，暗中贬低对方，激发对方产生压倒、超过第三方的欲望。所谓“导激法”，就是在刺激对方的时候做到“激中有导”，用明确或诱导性的语言把对方的热情激发起来，引导到你所希望的方面来。事实上，每一种更为细分的方法都可以运用到更为细分的场景中去。

激将固然是为了改变对方的意志，但有时候，如果你意识到对方也正在采用这样的方式来改变你的意志的时候，就要提高警惕。总之，我们在使用激将技巧的同时，也要学会识破他人的激将法。特别是在商务谈判中，要沉着冷静，不为对手所激。

运用红白脸技巧，在交谈中来点儿软硬兼施

“红白脸”原本是中国传统戏剧中的说法，一般把忠臣或者好人扮成红脸，而把奸臣或者坏人扮成白脸。后来，人们索性就用红脸代表好人，用白脸代表坏人。

不过随着时间的推移，这种用法也发生了改变，更多的时候，它是表示在做一件事情的时候，有的说好话，有的说坏话。“红脸”“白脸”一起戏弄或欺骗当事人，这种情况被说成“有唱红脸的，有唱白脸的”。当然，并非把“红脸”“白脸”凑到一块就是戏弄或者欺骗，事实上，还要看当事人是什么样的人。如果当事人为非作歹，那么红门脸式说服就是行善。所以，作为说服的一种策略，“红白脸”本身并没有好坏之分。

刘东和庞海是同事，因为两个人平时就能说会道，而且都是公司的中层领导，所以每次出游的时候，他们都是正副领队。一次，公司组织大家到北戴河游玩。

当忙碌了一天赶到宾馆时，大家却被宾馆的工作人员告知，因为他们工作的失误，已经提前订好的带单独浴室的套房里没有热水。刘东和庞海被宾馆的工作人员领着去见了宾馆经理，下面是他们三个人的对话。

刘东说：“实在抱歉，这么晚还来打扰你。但是我的同事们在路上走了一天了，而且天气这么热，晚上不洗澡怎么睡觉呢？而且我们预定的时候，已经告知过供应热水的事情，你们当时还说没什么问题。”

经理：“你说得没错。这个故障有点儿突然，而负责维修锅炉的师傅又正好

不在，所以我们也没有办法。不过，我已经安排工作人员为你们开了集体浴室，所以你们可以到那里去洗澡。”

庞海说：“去集体浴室没问题，不过有些事情咱们要提前沟通好。之前预订的套房的价格是450元一间，而现在里面不能洗澡了，那就和普通客房没什么区别了，所以这个价格也要降低。按照你们标出的价格，应该是200元一间。”

经理说：“这个恐怕不行，因为套房的其他服务并没有因此而减少什么，只是不能洗澡罢了。”

庞海说：“不降价也可以，那你们就为套房供应热水。”

经理说：“这个是真的没有办法，因为维修人员现在已经回家了。”

此时，作为主领队的刘东发话了：“我理解你们的难处，不过你们也要理解我们的难处。你看能否给维修师傅打个电话，让他回来维修一下，我会安抚好我的同事，让大家多耐心地等待一会儿。”

听刘东这样一讲，经理感觉也不好再说什么了。结果，经理还是派人联系了维修师傅。就这样，一个小时后，每个套房都供应了热水。

其实，经理只是嫌麻烦，一开始抱着侥幸的心理想搪塞过去，只是没想到客人这么较真。

当然，如果按照庞海的方式，一直强硬到底，则经理肯定也会与之对抗，最后未必会遵从他的意见。后来还是刘东唱了一次“红脸”，当了一次好人，用一种比较客气的方式与经理交涉，才有了经理后面的顺从。

唱“红脸”“白脸”听起来简单，但在实际操作过程中并不太容易，而赴需要一定的技巧。

比如，那个唱“白脸”的人在渲染负面结果的时候，要把握好一个度，不能把话说得太狠了；否则，很可能会激起听者的反抗意识，到最后来个“鱼死网破”也说不好。所以，在讲具有威胁性的话的时候，需要对听者的心理有一个把握。

为了让说服效果达到最佳，不管是“白脸”的威胁，还是“红脸”的抚慰，都需要在以下几个方面多加留意。

（1）态度要友善。即便是威胁，也不能让对方从你身上感受到毫无道理的恶意。

（2）理由要充分。你可以责难对方，但是你责难的理由要充分。

（3）适可而止。任何事情都需要把握一个度，在用这种方式进行说服的时候，更应如此；否则，威胁得太过分了，结果只能适得其反。

倾听是“神秘的”说话技巧，是更高段位的沟通能力

在商业会谈中，有一种“神秘的”说话技巧，即专心致志地倾听。事实上，成功的商业交往并没有想象中那样神秘，只是很多人不懂得倾听的价值罢了。关于倾听的价值，我们根本不必去商学院或者口才班就能领悟，因为这一道理很明显。很多商家经常会遇到这种情况：租了豪华的店面做生意，橱窗的设计也很到位，完全可以打动人心，而且还不惜投入巨资大做广告，可是他们雇用的服务员却因为自身的失误，白白浪费了或者抵消了商家在店面上的投资，因为他们不懂得如何做一个倾听者。有些服务员会打断顾客的谈话，反驳他们的观点，甚至激怒他们。实话说，这是一种很不理智的行为。

张勇在一家百货商场买了一套西服，可是穿上之后，发现上衣褪色，而且把他的衬衫领子都弄黑了。失望之余，他将这套衣服带回商场，打算找售货员理论。不过，当他正在诉说衣服的有关情形时，话还没说完就被售货员打断了。

“这种衣服我们已经卖出了好几千套，”这位售货员反驳道，“你还是第一个来挑毛病的。”

这是售货员说的话，而他那满是火药味的腔调听起来比这更让人难以接受，好像在说：“你说谎。你想欺负我们，是不是？那好，我可要给你点儿颜色看看。”

正当两个人吵得不可开交的时候，另一个售货员加入进来。他说：“所有的黑色衣服起初都会褪色，这是很自然的事。这种衣服就这种价格，当然会那样。那是颜料的关系。”

听完第二位销售员的话，张勇感觉再也不能忍受了，顿时火冒三丈。当张勇

正想骂他们的时候，售货部经理走了过来。他并没有说什么话，而是静静地听张勇从头到尾讲了一遍事情的经过。在张勇说完之后，那两个售货员又想说他们的意见，但是这位经理站在张勇的立场反驳了售货员。这位经理先是承认张勇衣服的领子显然是被西服弄脏的，并且坚持对那两位售货员说如果商品不能让顾客满意，他们商店就不应该出售。

最后，这位经理承认他不知道毛病的原因所在，并坦率地对张勇说："你希望我如何处理这套衣服？你说什么我们都会努力做到的。"

就在几分钟以前，张勇还想退掉那套衣服，不过，他在回答这位经理的话时，却是这样说的："我只想听听你的意见。我想知道这种情况是暂时的还是毫无解决的办法。"

于是，经理建议张勇将这套衣服再穿一个星期，并说道："如果到时候你仍不满意的话，我们一定给你换一套满意的。这样给你添麻烦，我们非常抱歉。"

就这样，张勇满意地走出了这家商店。一星期后，这套衣服再也没有出任何问题，而他对那家商店的怒火也完全消失了。

同样的问题，由不同的人来解决会出现截然不同的结果。那么为什么会出现这样的反差呢？关键就在于你是否会当听众。那位售货部经理之所以能进入管理层，正是因为他深谙说话的艺术，或者说他懂得倾听的道理。会当听众的交谈者，可以从谈话对象那里获得最全的信息，了解问题的症结所在，重要的是，让对方倾诉本身就是缓解他们抱怨、愤怒非常管用的"特效药"。一旦他们说完了，抱怨等负面情绪也会消减一大半。相反，那些据理力争、针锋相对的人，非但不能在道理上让对方认可，也无法在情感上让对方顺从，最后只会将矛盾激化。

倾听具有一种神奇的魅力，即便是那种最激烈的批评者，或者最挑剔的人，也常常会在一个具有忍耐心和同情心的倾听者面前态度变得柔和、友善起来。

纽约电话公司曾经遇到过这样一位顾客，他不仅拒绝支付某些费用，认为那是不合理的，还写信给各家报纸，多次向公众服务委员会投诉，且好几次向法院起诉这家电话公司。有时候，他还会对上门服务的接线员进行歇斯底里的咒骂，而且威胁要毁掉电话线路。电话公司尝试了各种办法，都无法消除这位顾客的投诉、咒骂。最后，公司派了一位经验丰富的调解员去见这位喜欢找麻烦的顾客。

到了这位顾客家中之后，调解员没有说任何话，只是静静地听他说话。无论对方说什么，调解员都静静地听着，并不断说“是”，表示对他冤屈的同情。

这位调解员在叙述他的调解经历时说：“他继续毫无顾忌地说他的话，而我则静静地坐在那里听了将近3个小时。后来，我又多次去他那里，并再静静地听他诉说。我总共见过他四次，而在第四次访问即将结束之前，我已经成为他正在创办的一个组织的主要会员了。他将这个组织称为‘电话用户权益保障会’，我现在仍然是这个组织的会员。然而，据我所知，除了这位老先生之外，我是他这个组织里唯一的会员。

“在这几次拜访中，我始终都是倾听者，并且赞同他所谈的任何一件事。以前从来没有电话公司的人像我这样和他谈话，这使得他变得几乎友善起来。我在第一次访问他时，并没有提到见他的目的，在第二次、第三次，我也没有提到我的目的。但在第四次，我使这个问题有了完美的结局——老先生将所有的欠费都付清了，并使他自从与电话公司作对以来，第一次撤销了他向公众服务委员会的投诉。”

从表面上看，这位顾客是在保障公众的权利，不愿意看到自己的权利被无情地剥夺，但他实际上是在追求一种自重感。他先是通过挑剔和抱怨来得到这种自重感，一旦他从电话公司的代表那里得到了自重感时，他那所有并不真实的冤屈就立即消失了。

要想说服那些难缠的人，首先就要做一个善于倾听的人。要做到这一点其实并不难，你不妨问一些他们喜欢回答的问题，鼓励他们开口说话，计他们说说他们自己以及他们所取得的成就等。

灵活应用门罗五步法来提升沟通效果

美国大学协会老牌院校普渡大学一位名叫阿兰·门罗的教授，曾经基于心理学的理论创建了一套能够有效将演讲者的想法传递给听众并说服他们响应某些号召的演讲模式——门罗五步法。这套模式的最大特点就是通过调整演讲内容的顺序来达到最大的说服效果。它从获得听众的注意开始，然后一步一步将听众引入自己预先设计的框架中去，最终不仅解决了听众的问题，也推销了自己。

最早从这种模式里面尝到甜头的是一些政客，他们频繁地在各种场合使用这种模式。事实上，除了演讲，门罗五步法也在报告、写作等任何需要组织和安排信息的地方运用。下面便是门罗五步法说服的具体顺序。

1. 获得注意

获得注意并不是门罗式说服的特色，事实上，任何一个成功的演讲者都应该在演讲开始时让观众把目光投向自己。吸引大众目光的技巧有很多，比如人们最常用的幽默，或者讲一个惊人的事例，引用一串让大家震惊的数据，等等。当然，获得注意虽然是第一步，但它并不能代替演讲过程中的介绍部分，或者说吸引注意力应该成为介绍的一部分。另外，在演讲的开篇，你还需要表现出自己的可靠性，并阐述目标让听众明白你的预期。

2. 设立需求

要想说服对方做出改变，首先要让对方知道改变的必要，此时，你就要为对方设立需求。当然，此时功利心不能太强，也就是说，不要让对方从你设立的需求中联想到你的解决方案。

优秀的推销员在推销自己的产品时往往不会在一开始就让对方看自己的产品，而是先告诉对方有哪些缺陷需要弥补，并让对方意识到这种弥补或者改变的必要性。为了达到这样的目的，他们通常会使用一些统计数据来支持自己的观点，或者告诉对方维持现状会有怎样的后果等。当然，有时候为了让这种需求更加形象，他们也会向对方展示问题具体是怎么影响他们的。

要记住，这一步的主要目标是煽动听者不安的情绪，并让他们产生改变现状的意识。所以，不要在这个时候告诉大家你的解决方案。

3. 满足需要

设立需求就是为了满足需要，所以这一步的主要工作就是介绍你的解决方案。试想一下，如果你和某个公司的经理说他们的生产任务因为没有自动化而损失了几千小时的工作时间，那他肯定会毫不犹豫地让你为他们提供自动化服务。满足听众的需要从来都是演讲的重点内容，不过在演讲内容中所占的比例则取决于你的目的。介绍解决方案就是解释它的工作原理，解决听众的疑问，所以不能说得太陕；否则，对方的思路容易跟不上。在介绍解决方案、满足听众的需求时，需要把握以下要点。

（1）和听众一起讨论事实。

（2）讲话过程中要多总结，让自己的阐述更有条理。

（3）详细说明、仔细论证，以确保听众理解你的方案。

（4）清楚地阐明你希望听众相信或需要的任务。

（5）多用例子、数据等证明你的观点的有效性。

（6）提前考虑反对者可能会提出哪些问题，并构思如何回答。

4. 展望未来

如果说前三步只是在逻辑上说服听众，这一步就是在心理上说服听众。如果时间充足，则你可以从积极、消极两方面来展示；如果时间仓促，就选择最容易打动人的一方面。在展望未来的时候，最好现实、具体，而且越现实、越具体，效果就越好。告诉听众如果没有你的解决方案会怎样，有了解决方案后又会怎样，这种对比的目的就是要把听众的“欲望”烙进他们的脑海里。

在这一步中，你的目的只是让对方同意你的观念并促使他们采取和你推荐方法一致的行为。下面是你可以用来展望未来的三种方法。

（1）正面法：重点描述采用你的想法后会产生哪些美好的结果，强调积极的一面。

（2）负面法：重点描述不采用你的想法会有哪些不良的后果，强调消极的一面。

（3）对比法：先对不良后果进行描述，再对美好的结果进行描述，以形成强力的对比。

5. 呼吁行动

演讲的最终目的就是呼吁听众根据你推荐的方案采取行动，所以这也是整个序列中最重要的一步。或许你已经在演讲过程中告诉过听众他们该做什么，但在此处还需要再具体地阐述一遍。不过，你所说的事情最好是一个在 48 小时内能做的一件事，否则，他们会忘掉。当然，说得越具体、越简单越好。

门罗式说服也被称为“门罗激励序列”，是提高演讲能力，并被人们公认为具有影响力和说服力的经典方法。

第九章

懂点儿说服技巧，把话说到对方心窝里

借助从众心理，搬出“大家”做靠山

有些说服就像是一场小规模的战斗，在很短的时间内就可以解决问题；有些说服就像是一场持久的战争，需要来来回回地与对方沟通，才能最终达到目的。针对小规模的说服，人们只需要运用一些简单的技巧；不过，针对稍微复杂的、持久的说服，人们就要在不同的阶段使用不同的说服技巧，才能将说服的工作不断往前推进。

从众心理有着非常广泛的应用，在很多场合或者领域都会用到。比如，在图书馆看书，你旁边坐着一位戴耳机正在听音乐的读者，音量太大，扩散出来的声音干扰到了你的正常学习。此时，如果你抱怨说：“太吵了，能不能把声音关小一点儿！”对方或许会照做，但他不会向你道歉，还会对你表示反感。相反，如果你轻声地对他说：“不好意思，打扰一下，你耳机的外音太大了，这样会吵到大家的，你看能不能把音量调小一点儿？”你这样说，相信对方除了照做之外，还会对你的提醒表示真挚的感谢。

人一般都有服从多数人意见的“从众心理”，也就是说，当你站在大众的立场向对方提出交涉时，即便你所说的情况只是一种假设，对方也会在这种心理的潜移默化的影响下，顺利地被你说服。这也是当你站在自己的立场要求对方，非但无法达到预期效果，反而会引来对方的反感的原因。当你把“大家”作为宾语的时候，就会把对方的怨言降到最低。相应地，你的说服效果也会达到最佳。

关于从众心理，美国社会心理学家所罗门·阿希曾经做过一个非常著名的线段实验。

这个实验非常简单，就是让大家在几条长短不一的线段中比较线段的长度。

阿希拿出一张画有一条垂直线段的卡片，然后让大家比较这条线段和另一张卡片上的3条线段中的哪一条等长。事实上，这些线段的长短差异非常明显，正常人很容易就能做出正确的判断。

不过，阿希为这个实验设置了一些小小的“障碍”。他告诉前来参加实验的志愿者，这个实验的目的只是研究人的视觉情况。另外，当某个志愿者走进实验室的时候，他会发现已经有5个人先坐在那里了，他只能坐在第6个位置上。但是，这个志愿者不知道的是，前面5个人是跟阿希串通好了的假被试者（即所谓的“托儿”）。实验时，那些串通好了的被试者会故意做出错误的判断，于是，那个真正的志愿者就需要在他希望报告的结果和其他群体成员报告的结果之间做出选择。

这个实验一共进行了18次，结果令人震惊。在答案显而易见的情况下，仍然有33%的志愿者会遵从团体的不正确答案。另外，75%的志愿者会至少遵从一次。而团体不够大也会有如此的从众行为，当团体成员有2～16个人，只要有3～4个实验者的助手在其中，就会有效地让他人产生从众行为。

阿希的实验充分表明：有些人情愿追随群体的意见，即使这种意见与他们从自身感觉得来的信息相互抵触。群体压力导致了明显的趋同行为，哪怕是以前人们从未彼此见过的偶然群体。

当然，有时候人们的从众心理未必理性，但也正是因为它的这一特点，它才成为人们在进行说服工作时非常有效的工具。所以，在一些特定的情况下，运用从众心理往往会让说服变得简单。

在运用人们的从众心理进行说服的时候，需要遵循一些小技巧。如果能将它们运用到位，你就能让群众力量为己所用，极大地增强了说服效果。

1. 告诉对方“这是潮流”

这种技巧特别适用于商业、销售领域，比如，你想推广自己的产品，就要把它打造成一种潮流，让人们觉得如果自己不买就落伍了。如果要选一个在这方面做得比较好的案例，则“脑白金”绝对算是其中一个。它那脍炙人口的广告语“今年过节不收礼，收礼只收脑白金”早已家喻户晓了。这种“说服”效果如何呢？

数据是最好的答案：脑白金自1997年上市以来，已畅销中国20年；截至2014年，脑白金连续16年荣获保健品单品销量第一。

2. 找几个“托儿”

上文中讲到的从众心理的实验，如果没有“托儿”的辅助，就无法进行。所以说，“托儿”是人们运用从众心理进行说服时非常必要的要素。

3. 搬出“大家”当靠山

既然是讲从众心理，自然要有“众”可从，那么这个“众”从哪里来呢？很简单，只要把“我”变成“大家”，从众心理自然会在对方心中成型，而你也就很自然地找到了靠山。

特定领域内，可以在交谈中拿对方的痛点说事

想说服他人动摇其某种心理或者促使其采取某个行动，可以采用各种各样的方法，其中有一个非常简单有效的方法就是煽动对方的恐惧心理，也可以理解为刺激对方的痛点。比如，你想劝诫小孩不要多吃糖，那么你先要明白，小孩子是更担心牙齿有洞呢，还是更担心身体变胖。如果他更担心身体变胖，那么你恐吓他糖吃多了会损坏牙齿就毫无价值。所以，要想刺激对方，就要刺激到对方的痛点。

美国宾夕法尼亚州贝伦特学院的心理学者玛丽·平托曾经分析了包括《福布斯》《新闻周刊》《时尚》等在内的全美最受欢迎的24本杂志中刊登的3000多条广告，发现它们宣传某个商品时最常用的手法就是“煽动恐惧心理”。比如，它们会传递诸如“这样做不利于健康”“那样做会让异性讨厌”“再这样下去会变胖”等。事实上，这种做法也经常出现在父母对子女的教育方面。比如，父母经常会对子女说：“现在不好好学习，将来连老婆都讨不到。”“你要是再这样做，妈妈就不要你了。”“经常说谎的人，鼻子会变长。”

从科学与道德的角度去考虑，父母是不应该煽动孩子的恐惧心理的，但涉及商业、职场、社交等领域，这一方法还是非常值得借鉴的。

帕特·莱利是NBA热火队的前主教练，也是入选奈·史密斯篮球名人纪念堂的人物。不过，与其他功勋级的教练相比，他并不擅长打好烂牌。2007　2008赛季，在热火队当家球星韦德因伤提前结束赛季的情况下，迈阿密热火队以15胜67负的战绩打破了NBA最差纪录就是最好的证明。不过，就洗牌而言，他绝对是NBA教父级的人物。比如2010年夏天，这位前传奇教练说服了2003届三

巨头集体降薪，还同球队的当家球星德怀恩·韦德完成了续约，并且签约下勒布朗·詹姆斯和克里斯·波什。因为这一操盘，莱利也成功导演了热火建队以来最辉煌的一个休赛期。

韦德、詹姆斯、波什放在NBA任何一个球队都是“老大”级别的人物，那么他们为什么会听从莱利的安排，共同为热火队效力呢？原因很简单，他有着超出常人的说服技巧。

2010年，NBA超级巨星勒布朗·詹姆斯恢复自由身，成为多家球队狂热争取的对象：詹姆斯当时的东家骑士队大打亲情牌，并准备腾出薪水空间，准备以顶薪诱惑他；尼克斯队作为当时的夺标热门球队，准备了大量的数据，将詹姆斯加入后的经济收益清楚地展现出来；篮网队则重点强调球队的全新规划，以及球队即将迁往纽约，并在那里打造一个梦幻的球馆；公牛队和快船队虽然没有什么特色，但也依然对詹姆斯紧追不舍。那么，代表热火队的莱利是如何与詹姆斯会面的呢？事实上，莱利几乎没有说什么，而是把自己已经获得的五枚总冠军的戒指摆在了詹姆斯的面前。

对于莱利的做法，ESPN（娱乐与体育节目电视网）赞不绝口：“与其他球队的长篇大论相比，莱利的做法就像是投中制胜球的乔丹：短促有力，让人的心灵产生强烈的震撼。”谁都知道，詹姆斯最渴望的就是总冠军。莱利就是想用这种方式让詹姆斯明白：来热火队，我让你也拿一枚总冠军戒指。

莱利是NBA公认的头号演讲大师，他对球员的心理观察入微，知道该用什么样的言语激发球员的斗志。同样，他也熟知球员的心理弱点，知道用什么样的方法能搞定对方。对已经两次获得常规赛最有价值球员（MVP）、6次当选全明星球员的“小皇帝”詹姆斯来说，没有什么比总冠军戒指更有吸引力的了。对总冠军的欲望愈强烈，失去总冠军的想象就会愈发令人恐惧。这一点，莱利心知肚明，这也是他能够说服詹姆斯的原因。因为这一招，莱利总是可以从其他球队挖到自己想要的人。

说服他人的时候，最直接、有效的办法就是明确对方的弱点和需求，然后猛攻他的要害。相反，如果抓不住重点，刺激不到对方的痛点，说服之路就会遥遥无期。

巧妙给给对方戴一顶“高帽子”，更容易交谈下去

心理学家克劳特曾经做过这样一个实验：随机选出一批志愿者，让他们对慈善事业进行自愿捐款，然后根据是否有捐款以及捐款的多少将这批人分为“慈善的人”和“不慈善的人”。另外，还有一些参与者则没有被下任何结论。过了一段时间，再让这些人去捐款，发现第一次捐款时被说成是“慈善的人”比那些没有被下过结论的人捐款要多，而那些第一次被说成是“不慈善的人”则捐得最少。

心理学家将人们的这种心理现象定义为“标签效应”，并认为当一个人被下了某种结论之后，就像是被贴上了某种标签。而一旦有了这样的标签，他自己就会做出相应的印象管理，从而使自己的行为与所贴的标签内容相一致。比如，你对小孩说：“你真是太聪明了，而且又这么刻苦，在学校一定是好学生。”听到这样的评价，小孩子肯定会在学校里表现得格外用心，而且一心往大人评价的方向努力。相反，如果总是在小孩子面前说“你这个笨蛋，做什么都做不好，有什么用”，则可想而知，这样的小孩会如同大人所说的一样，真的会在学习方面表现得像个笨蛋。

其实，标签有好的一面，也有坏的一面。好的标签可以激发潜力，而坏的标签则可以让一个人误入歧途。标签可以用在认识的人身上，也可以用在陌生人之间。比如，你和某人初次见面，而且你们将来会有某种合作的关系，你希望对方是一个有决断力的人。此时，你不必与他促膝长谈，只需在短暂接触后，就可以夸他是“一个很有决断力的人”。放心，即便对方不是这样的人，他也会被你这句话约束，从而在接下来的行为中表现出“有决断力”的样子。

每个人都喜欢把自己最美的一面展现在他人面前，你善意地给对方贴上一个好的标签，就会促使对方在行为上扮演一个高尚的角色。

周末，李林带着3岁的女儿乘坐公共汽车准备回家，但车上的座位已经被全部占满了。可能是下午在动物园里走的路太多了，女儿上车后一直嚷嚷着累，要找座位。正好，在她们旁边有一个小伙子在睡觉，而且占了两个人的位置。

看到这一幕，女儿指着那个小伙子，哭闹着要他让座。不过，小伙子装作没听见，继续睡觉。此时，李林弯着腰对女儿悄悄地说道："这位叔叔太累了，他要是醒了，肯定会给你让座位的。"

就这样，还不到一分钟，那个小伙子就"醒了"，而且非常客气地让出了一个座位给她们。

很显然，这个小伙子刚开始的行为并不高尚，而是李林给他戴上了一顶高尚的帽子，他只是顺从地扮演了"高尚"罢了。我们常说人性本善，而日趋善也是人的一种本能心理，给人贴标签的方法，正是利用了人的这一心理。

基于大众心理的这一"标签效应"，我们有时候也需要反思一下自己对待他人的态度是否合理。比如，作为领导，平时或许是无意识地给下属贴上了一个不好的标签，然后还渴望他们会有一个好的表现，这不是很矛盾吗?

为了让"标签效应"在说服的过程中发挥出更好的效果，我们还需要注意以下几个方面：

1. 标签要合情合理、积极正面

前面我们已经讲过，好的标签会催生善的行为，而不好的标签会催生坏的结果。所以，为了让被说服者朝着好的方向发展，在给对方贴标签时，最好多用一些正面的词汇来形容他们。

2. 标签要有可行性

所谓的可行性就是说，你给对方戴的"高帽子"要符合他的身份、能力、条件等。如果你给对方贴的标签太"高大上"，根本不具备可行性，对方就会尴尬，甚至会觉得你是在故意戏弄他，进而对你产生怨恨的情绪。如果真的是这样，说服就遥遥无期了。

3. 标签要有挑战性

这个应该很容易理解，就是说给对方贴的标签要超出他们原有的水平，这样才能激发他们行动的欲望。如果标签太普通或者太困难，就会让他们觉得很无趣，没有吸引力。

4. 标签要不易被察觉

如果我们仔细研究，就会发现给他人贴标签其实就是在进行心理暗示或者激励。既然如此，就应该不露声色。如果让他们发现了动机，那么标签的效力就会大打折扣，甚至彻底无效。

5. 标签要持久

给对方贴标签，自然是要有一个持久的影响，那么你在进行语言表达时就要格外注意。比如，你看到孩子在帮妈妈洗碗，便鼓励他说："今天你真是太棒了！"不可否认，这也是一种标签，但对孩子而言，只是对他刚才行为的一种赞美，因为你说的是"今天"。如果换种说法，改成"你真是太棒了"，这对他而言才是真正的标签，他会把你赞美的重点放在"他"身上，而不是"今天"上。

人贵言重，利用善用权威效应让沟通更顺畅

通常，我们在写文章的时候，总是喜欢引用权威人士的话。之所以要用到这些人的话语，并不是赶时髦，而是因为他们更具说服力。不仅仅是写文章，包括说话的时候，若套用一个权威人士的观点或说辞，也会让你的说服力倍增。

一家图书公司刚推出了一本新书，不过销量并不理想，这让负责销售的经理很苦恼。

一天，他听从了一位朋友的建议，决定搞点儿营销方面的策略。他先是托人把这本书寄给了总统，诚恳地期望总统为这本书写上一段评论性的文字。不过，日理万机的总统根本没有时间处理这样的小事，就敷衍地托人告诉经理“这本书不错”。

于是，这位经理就立马召开了一个新闻发布会，当众告诉记者：“连总统都说这本书不错。”结果可想而知，此书立刻引起了评论界的关注，并在市场上大卖。

对于销售经理而言，他的目的是说服广大读者来购买自己的图书，但他并没有走传统路线，对图书本身进行大肆渲染，而是借助总统的权威效应来扩大影响。

他知道，就算自己把图书夸得再天花乱坠，也比不上总统一句简单的赞美。之所以借助权威人士来增强说服力，是因为权威人士有威望，他们做的事会被他人争相模仿，他们说的话也会受人们重视。正所谓“人微言轻，人贵言重”，说的就是这个道理。

权威效应是一种普遍存在的社会心理现象。比如，商场、企事业单位会请社会各界名人雅士题字；书籍的封面上，会引用一些名人的推荐语；公司的宣传资料上，会出现老总与名人的合影，等等，这些都应用了权威效应。当然，权威效应有好有坏。消极的权威效应是以权威人士的名望来吓人、压人，属于“拉人旗作虎皮”的行为。对此，我们自然要坚决抵制。那些积极的权威效应，凭借其强大的感召力，成为很多练习口才、提升说话技巧的人常用的策田各。

说到权威效应在提升口才、说话素养方面的作用，很多人会有一种误解，以为只有权威人士的话才管用。其实，只要对方被大众广泛认可，他就可以产生权威效应。

激发权威效应的可以是一个人说的话，也可以是涉及这个人的故事。当然，权威效应的刺激点不局限于人，它也可以是一些有影响力的机构，或者某个知名的品牌等。

比如，一个毕业于哈佛商学院的本科生就比毕业于其他不知名学校的本科生在商业评论领域更有发言权；你引用《经济学人》《哈佛商业评论》里面的数据就比引用微博、微信里面的数据更有说服力。试想一下，如果你在论文里面引用了一组数据，导师问其出处，你说来自微信公众号，他会作何感想？你的论文还有通过的可能吗？所以说，不管说话办事，都要注意素材、依据的权威性，唯有这样，才能让对方信服。

当然，权威固然很重要，但是我们在与人沟通交流的时候也不能张嘴权威，闭嘴也权威。

比如《武林外传》里面的吕秀才，常常是“子曰”不离口，结果到后来，只要他一张口说“子曰”，其他人就齐刷刷地把手伸出来摆出要发飙的姿势。这个故事至少给我们两方面的启迪。

其一，权威效应可以用，但不能用得太多。因为大家本来是想听你的观点的，结果听了一大堆“名人名言”，相信大家都会感觉你在卖弄，从而对你的谈话内容失去兴致。

其二，引用权威的时候，除了要看具体的说话场景之外，也要考虑受众。比如《武林外传》里面这个吕秀才，就是个情商严重不足的人。店里的伙计，多是闯荡江湖的文盲，哪里会听得懂“子曰”。

总的来说，世界上没有一招就能让你说遍天下的口才技巧，也没有任你怎么用也不会伤到他人的说话方法，任何时候都有例外，任何方法都有不足。权威效应对于我们成功地说服他人，不至于说是不可或缺的，但如果你运用到位了，它就会让你的说服力大大提升。

注重暗示效应，在无形中达到良好沟通的效果

与自我口音示的对象是自己不同，暗示的对象主要是他人，目的就是改变他人的想法。在“说服战”中，谁掌握了暗示的力量，谁就会无往不利，因为人们都有依照暗示行事的倾向。比如在商场里，售货员一般不会说：“女士，你要这双鞋子吗？”而是用一种富有暗示性的语言问道：“女士，这双鞋你是打算直接穿走还是用盒子装起来？”当销售员这样问的时候，即便顾客刚开始只是打算试一试，也会在销售员的暗示下产生购买的冲动。

暗示有时候会很微妙，但在影响他人方面却有着非常强大的力量。

拿破仑·希尔在教授应用心理学的时候，曾经做过这样一个实验：他拿出一瓶标有“薄荷油”的瓶子，然后告诉在座的学生里面有浓缩的薄荷油，只要在手帕上滴一滴，薄荷的气味就可以在40秒内传播到教室的每一个角落。接下来，希尔打开瓶塞，把里面的液体往手帕上滴了一滴，同时转过脸，嗅了嗅鼻子，假装闻到了一股很强烈的气味。接着，他让闻到薄荷味的同学举手。通常情况下，有超过一半的学生都会举手，最多的时候举手比例可以高达3/4。接下来，希尔拿起瓶子，一口气喝完了瓶子里的液体。随后，他告诉学员，瓶子里装的不过是水罢了，根本就没有薄荷油。同学们之所以“闻到”了薄荷的味道，不过是通过暗示的机制在头脑中虚构的假象而已。

美国心理学家詹姆斯·威廉曾经通过研究得出这样的结论：大多数人都只应用了自身能力的很小一部分；而在激发潜能方面，暗示有着独特的魅力，因为它可以长期留在人的潜意识里并支配人的行为。暗示自己，可以克服困难，迎接挑战；暗示别人，可以改变他的思想，成功将其说服。

在美国，有一个叫亨利的年轻人，因为种种原因，陷入了绝境。一天，他一个人在河边溜达，望着静静流淌的河水，他感慨万千，甚至怀疑自己是否还有活下去的必要。他在很小的时候就成了一个孤儿，在福利院长大。他相貌平平，身材矮小，连说话都带着浓厚的法国乡下口音。因为自卑，他连最普通的工作都不敢去应聘。

约翰是亨利的朋友，他早就想说服自己的这位朋友振作起来，但一直不知道该怎么帮助他。后来，他终于想到了一个好办法。

这天，他兴冲冲地跑到河边，找到了亨利，装作很严肃地说道："亨利，我刚从广播里听到一个消息，说拿破仑曾经丢失了一个孙子。广播员描述的外貌特征和你很像。我怀疑，你是不是就是拿破仑丢失的孙子。"

"真的吗？你是说我有可能是拿破仑的孙子？"听到好友这般说，亨利的精神为之一振。回到家里后，亨利拿出了拿破仑的肖像跟自己作了比较，结果发现自己跟他还真有几分相似之处。那一刻，他甚至有一种对着肖像喊一声"爷爷"的冲动。想到同样身材矮小的"爷爷"曾经指挥着千军万马去打仗，他顿时也从自己矮小的身材里感觉到了无穷的力量。此刻，他那带着口音的话语，倒让他感觉有几分高贵和威严。

第二天，他就充满自信地到了一家大公司应聘。20年后，他终于查清了自己的身世，发现自己和拿破仑没有任何关系。不过，这已经不重要了，因为他已经是一家大公司的总裁了。

亨利的成功便是暗示的力量发挥了作用。事实上，每个人身上都有这种力量，主要看你是否能把它挖掘出来。既然如此，那么暗示的力量究竟来自何处？按照心理学家的分析，浮语中的每个词都是外界事物和生活现象的表象，都会在人的大脑中有所反映。基于此，暗示可以改变大脑皮质的兴奋度，进而起到调节机体机能的作用。因为这些改变，人们才会朝着暗示的方向走。暗示在影响人的情感、观念、行为、意志等方面，有着非常巨大的作用。如果在说服的时候，巧妙地运用暗示的力量，就能达到说服的目的。

当然，暗示有积极和消极之分。比如，桌子上放着半杯葡萄酒，有人会说"太好了，竟然还有半杯酒"，相反，也会有人说"真扫兴，竟然只剩下半杯酒了"。

同样是半杯酒，有人欢喜有人愁，这便是积极暗示和消极暗示所带来的结果。积极的暗示如同一种无形的力量，在潜移默化中推动着自己或他人向着理想的方向前进；而消极的暗示则会让人产生一种消极的态度，并引发不良的后果。

在说服的时候，人们自然会有意识地进行积极的暗示，因为这可以让说服的目的更容易达成。但是，有时候，我们也要提防一些不自觉的消极暗示可能会给说服带来的阻力。

第十章

使用多样说服手段，化身超级说服大师

事实胜于雄辩，在沟通中说服对手

说服他人，要有准备，要讲方式，要懂技巧，但关键还要使用手段。手段就是说服者手里的武器。武器固然重要，但不可能让所有的战士都使用同一种武器，哪怕它真的很厉害。对说服者而言，手段亦如此。说服者可以用事实说话，也可以用数据说话，但目的只有一个，那就是增强说服力。

当我们在想尽各种办法去说服他人的时候，我们往往会忽略掉一个最基本的方法，即陈述事实。试想一下，当你把实例往对方面前一摆，就算他再固执、再善辩，也不可能对你所说的事实无动于衷。俗话说的“事实胜于雄辩”讲的就是这个道理。

有位著名的演讲家曾经说过这样一句话：“真实的例子是最好的说明，因为它可以让一个观念清晰、有趣，也更具有说服力。”所以说，不管你是想改变一个人对一件事的偏见，还是想改变一个人对一个人的偏见，列举实例都是最好的选择。那么，究竟该如何列举实例呢？下面便是几个具体、实用的方法。

1. 谈亲身经历

乔布斯曾经在斯坦福大学作过一次非常有名的演讲，不过他的整个演讲并没有讲所谓的大道理，正如他自己所说“只是 3 个故事而已”。这 3 个故事分别是从大学辍学、被苹果公司辞退，以及自己身患癌症、面临死亡的故事。据沃尔特·艾萨克森在其《史蒂夫·乔布斯传》中记载，乔布斯当初打算找人代写这篇演讲稿，不过后来改变了注意，才亲自执笔。如果当初真的找人代写，这篇演讲稿的质量肯定就会大打折扣。事实证明，乔布斯这次“讲故事”式的演讲非常成功，堪称演讲的典范。

任何一场演讲中，如果主讲人从头到尾说的都是理论或资料上的信息，那么通常很难引起听众的兴趣。相反，如果主讲人将自己的亲身经历，或者将自己阅读过的信息、听到的话等都融入演讲中，就会比空讲道理强很多。

美国前总统克林顿在第一次当选的时候，举办过一次庆祝晚会，当时，有很多人都上台讨论了他们心目中的克林顿。有些人无法到达现场，便用连线的方式表达了他们的祝贺。其中，有一位是克林顿的高中同学，他这样说道："毕业后，我到意大利美军基地服兵役。有一天早上，我接到一个电话，原来是我父亲去世了。刚挂了电话，没过 5 分钟，电话又响了，这次是克林顿打来的，他当时刚出任州司法部长。他在电话里对我说：'别慌张，我会帮你照顾好家里的事，你可以放心。'"

这位同学没有具体地评论克林顿是怎样的人，但一个故事已经把他所想要表达的情感都说出来了。事实上，很多听众都不会记住你所说的道理，但往往会记住你所说的故事。

2. 示范效果

所谓示范，就是表演，但它确实也算是实例说服，而且是非常容易引起关注的说服方式。比如，专家在讲解吸烟的害处时，除了引用数字、讲述因为吸烟而生病的故事之外，也会拿出一张卫生纸，然后对着上面吹一口烟气。这样，卫生纸上面就会留下淡淡的印痕。当然，他会告诉大家，也许一口烟的影响还不算太大，但如果每天都往上面吐烟，时间久了，纸就会变黑。做这个简单的示范动作，也许会比只用嘴巴说更能让人们意识到吸烟的危害。

其实，这样的示范在销售领域特别常见。比如，卖服装的为了证明自己衣服的质量非常好，会用刀子在上面划一道。大家看衣服一点儿损伤也没有，自然会相信衣服的质量确实不错。另外，电视上也经常会播放一些轮胎生产商投放的广告，示范动作无一例外的都是把一个钉子扎进轮胎里面，结果汽车照样行驶不误。

我们经常说的"耳听为虚，眼见为实"就是这个道理。所以，为了更好地说服对方，不妨采用一些方便的实验来示范一下，效果就会显著提升。

3. 让对方亲自体验

如果说示范会让对方的感觉更加形象，则体验会让对方的印象更加深刻。体验也是说服常用的手段之一。

乔·吉拉德曾经说过："每一种产品都有自己的味道，在和顾客接触的时候，我会想方设法让他'闻一闻'新车的味道。"为了让顾客更好地"闻"到新车的味道，他会让顾客坐在驾驶室，手握方向盘，随意触摸车内的任何空间。如果顾客的家就住在附近，他会建议对方把车开回家，在家人、邻居面前好好地炫耀一番。通常情况下，顾客会陶醉于新车的"味道"，特别是那些把车在路上开了一段的人，都会在走的时候把车买了。即便当时没买，他不久后也会来买。

记住这一条：每个人都有好奇心，都喜欢尝试各种不同的新事物，一旦对方尝试过之后，那种记忆就会烙印在他的脑海中，使他难以忘怀。所以，不管你以什么身份，出于什么样的目的，要想说服对方，都不妨让对方亲自体验一番。

欲擒故纵，于无形中降服对方

“欲擒故纵”原本是兵法三十六计中的一个策略，但人们在沟通交流、谈判、说服的时候，也可以利用欲擒故纵的策略实现自己的目的。

以谈判为例，即便自己在各方面都占优势，也不要一下子把对方的路堵死。留一条退路给对方，不仅有利于对方做出妥协，也不会让他们觉得太没面子，毕竟谈判终结不意味着关系的终结。在使用欲擒故纵的策略进行说服工作时，脸上应故作轻松，表现出满不在乎的样子，或故意说反话，让对方在没有任何压力下，快速跟你达成你想要的协议。

美国的一家航空公司想要在纽约建立一座航空站，希望爱迪生电力公司能够以低价优惠供应电力，可是遭到了婉言拒绝。爱迪生电力公司推托说是公共服务委员会不批准，他们也爱莫能助，所以谈判陷入了僵局。航空公司知道爱迪生公司自认为客户多，电力供不应求，所以对接纳航空公司这一新客户不太感兴趣。事实上，公共服务委员会并不完全左右电力公司的业务往来，说公共服务委员会不同意低价优惠供应航空公司电力，其实只是一个借口。航空公司意识到，再谈下去也不会有什么结果，于是索性不谈了。与此同时，他们还放出风来，声称自己将会建发电厂，那样更划算。爱迪生电力公司听到这个消息后，马上改变了态度，立刻主动请求公共服务委员出面，从中说情，表示愿意给予这个新客户优惠价格。结果，不但航空公司以优惠的价格和电力公司达成了协议，并且自此之后的大量用电的新客户，也都享受到了同样的优惠价。

从以上的两个案例中，我们不难看出，要想让对手按照自己的意愿办事，就需要给对方某些虚假的暗示，让它具有一定的诱惑力，目的就在于收集更多对方的信息，从而掌握说服的主动权，达到欲擒故纵的目的。

在应用欲擒故纵的策略时，务必要保持半冷半热、不紧不慢的状态。比如，在日程安排上不显急切；当对方态度强硬、表现嚣张时，采取“不怕后果”的轻蔑态度等。

采用欲擒故纵的策略，如运用到假象，就务必要在上面多下些功夫，让它看起来和真的一模一样，以防因为过于粗糙而引起对方的怀疑。这其实也借助了人们惯有的一种心理：信息的来路越曲折，或者说手段越不正当，其真实性也就越大。所以，最好通过非正式渠道传播，经第三方之口发布，这样做，对方反而会更加信任。

发动心理攻势，让沟通更高效

所谓投其所好，就是迎合别人的喜好，说一些对方喜欢听的话。这种行为如果用在官场、职场上向领导溜须拍马，则自然不值得提倡；但是用在说服他人上，倒不失为一种好的手段。投其所好的方式有很多，具体在说服方面，就是能够站在他人的立场上分析问题，阐述自己的观点，从而给对方一种为其着想的感觉。当然，要想使投其所好的手段真正发挥作用，必须对对方的喜好有所了解才行。

在《西游记》（1986 版电视剧）的第 20 集“孙猴巧行医”里面有这样一个场景：

唐僧师徒四人路过朱紫国。孙悟空通过贴在城墙外的皇榜得知朱紫国的国王患病在身，正在全国寻求可以医治国王疾病的良医。因为被师傅责备在大庭广众之下没有遮挡好自己的嘴脸而吓到众人，猪八戒拒绝了“猴哥”让他到街上买菜的请求，索性到另一个屋子里睡觉。当然，买菜只是一个幌子，目的是骗八戒到街上揭榜。为此，孙悟空和沙僧两人就上演了一场“假装私语”的好戏。先是孙悟空故意问沙僧刚才进城在大街上有没有看到好吃的东西，沙僧就放开嗓子冲着猪八戒躺着的那个屋子大声说出了很多好吃的食物。最后，猪八戒按捺不住自己作为一个“吃货”的欲望，主动出来要和孙悟空到街上去。

开始孙悟空让猪八戒上街，对方不去是因为懒；后来猪八戒主动找到孙悟空，想上街，是因为贪。孙悟空很好地抓住了猪八戒贪吃的喜好，结果轻而易举地说服了猪八戒上街。当一个人的惰性和他的喜好发生冲突的时候，后者对个人行为的助推力往往更大，猪八戒就是一个例子。这也是投其所好能够成为说服的重量级武器的原因之一。

说服是说服者与被说服者之间的一种逆向抗衡，这种抗衡在通常情况下都会因为各自的强硬立场而僵持不下。要想成功地说服，就必须打破这种僵局。此时，与其逆势对抗，不如顺势而为，比如采取投其所好的策略，向对方发起心理攻势。这样，就可以在顺的过程中缓解对方的敌对心理，说不定还会赢得对方的好感。一旦对方的警惕心降下来了，你也就更容易发现对方的破绽，捕捉突破的战机，从而说服对方。

其实，投其所好的说服术除了能够赢得对方的好感之外，还有以下妙处。

1. 投其所好，诱敌入彀

马莉是一位面容俊美的平面模特。一天，她正走在路上，突然发现有一个穿着奇装异服的男子在后面尾随。当然，这对她而言并不算什么新鲜事，因为以前就遇到过两次。

因为有经验，所以遇到类似的事情她也不怎么慌张，而是回过头来对这个男子说："我想知道，你是在跟踪我吗？"

"奇装"男子尴尬地笑了一声后说道："我还从来没有遇到过像你这样漂亮的女生，我想我可能已经爱上你了，咱们交个朋友吧？"

马莉冷笑了一声，说道："谢谢你的赞美，不过我有一个更漂亮的妹妹，就在后面。"

"真的吗？""奇装"男子非常兴奋地而且很自然地扭头去寻找马莉"妹妹"的身影。不过，除了来来往往的人流外，他并没有看到马莉说的那个漂亮的妹妹。男子意识到上当了，便质问马莉为什么骗她。

只见马莉不慌不忙地说道："不，我并没有骗你，只是想试探一下你刚才所说的话是真是假。如果你真的爱我，又怎么会如此急切地去寻找另外一个美女呢？所以说，是你在骗我。所以请走开，我不想和骗子做朋友。"

就这样，男子被马莉两句话说得面红耳赤。

马莉之所以能够摆脱男子的纠缠，是因为她顺着对方贪图美色的心理，"投其所好"。

2. 投其所好，巧布疑阵

吴帅周末约朋友到酒吧喝酒，结果发现服务员往杯中倒酒的时候，都只倒了不到杯子一半的地方就停止了，但价格依然是按整杯来算的。为了表达自己的不满，吴帅在喝第二杯之前，转身问服务员："你们酒吧一个星期大约能卖多少桶酒？"

"50 桶左右。"虽然对于顾客提出这样的问题感觉有点儿奇怪，但服务员还是认真地回答了吴帅的问题。

吴帅接着说道："我有一个好办法，能让你们的销量翻一番，达到每个星期 100 桶。"

服务员听说后很兴奋，赶紧问："什么办法？"

"办法很简单，只要把每位顾客杯子里的酒倒满就行。"吴帅看着对方说道。

听完后，服务员的脸顿时红了一大截，赶紧把吴帅和他朋友杯子里的酒填满了。

吴帅的聪明之处就在于他利用商家唯利是图的心理，"投其所好"地设了一个圈套。等对方落入圈套之后，他再顺势一击，揭露了商家近乎欺诈的投机行为。

与一般的批评、斥责相比，"投其所好"式的说服力更强，也更深刻。因为投其所好可以迎合对方的偏好，也容易麻痹对方的心理。此时，说服者通过巧布疑阵，使对方放松警惕，误入陷阱，就能顺利达成说服目的。

迅速赢得好感，做到以情动人

说服他人的手段五花八门，形式更是多种多样，但如果把所有的说服手段以及形式汇总在一起，则可以浓缩为两样东西：情和理。也就是说，这个世界上真正能够说服他人的只有道理和情感。

讲道理谁都会，但如果你与对方没有任何感情基础，那么你讲出来的道理有可能就是谬误。同样，有时候你想说服他人，根本不需要讲道理，只需要把自己的想法表达出来，对方就会照做，这种情况在家人、朋友、同事等关系较为亲密的人群之间尤为常见。为什么会如此呢？很简单，你们之间有感情。当然，感情作为说服的纽带并非只能用在熟人之间。事实上，即便对方是陌生人，你也可以迅速地和他建立起感情，从而让你的说服更有效力。

唐刚因为工作调动的缘故，最近刚把家搬到一个新的社区。刚开始，唐刚没在意，不过没两天，他就发现邻居家养了一条边境牧羊犬。让唐刚感到诧异的是，邻居非但不给狗系狗绳，而且还放任它在小区里到处乱跑。虽然这条牧羊犬看上去很温顺，而且见人也摇尾巴，但唐刚的女儿每次遇到它都会非常害怕，有两次差点儿哭了起来。本来看到小区里有很多小朋友在玩，唐刚的女儿还很兴奋，但是一知道有条狗在小区里跑，她便不敢在小区里玩了，索性便不再出门，整天待在家里了。

唐刚觉得这件事情必须解决，便敲开了邻居家的门。唐刚向邻居说明了来意，并以一种责备的口吻要求对方把狗拴起来，或者戴个口罩什么的。听完唐刚的诉求后，邻居非但没有表现出不好意思，反而说自己的狗很听话，从来没有在小区里咬过人，说完后，就把门关上了。

回到家后，唐刚的情绪有点儿失落，还向妻子王梅诉说他们的邻居很不近人情。不过，王梅可不这么想，她决定改天亲自去试试。一天下午，王梅看到邻居的狗又在小区里溜达，而且邻居也在现场，她便拿着提前从超市里买好的一包狗粮向小区里走去。见到邻居后，王梅主动向邻居打了声招呼，并作了自我介绍："你好，我是你的邻居，刚搬过来没多久，很高兴认识你。"

邻居见有人主动和自己打招呼，而且手里还拿着狗粮，自然很热情地打招呼。

"这是你家的狗吧，真漂亮。其实，我以前也特别喜欢狗，而且在结婚之前，我还养过一条和你家的狗差不多的牧羊犬。它们很聪明，学什么都很快。"王梅说道。

"是呀，边境牧羊犬的智商在不同品种的狗里面已经算是数一数二的了。"

紧接着，邻居把自己的狗猛夸了一顿，而王梅边听边拿着手里的狗粮喂邻居家的狗。两个人聊了大概 10 分钟之后，邻居突然问道："既然你这么喜欢狗，为什么不自己也养一条呢？"

王梅见时机已到，便说道："我结婚以前，确实很喜欢狗，但结婚后，特别是有了女儿后，就很少接触狗了。医生说我女儿对狗毛过敏，而且以前被狗吓到过，有点儿心理阴影，所以我们基本上就很少带她到有狗的地方。"

听完后，邻居若有所思地看着自己的狗。王梅继续说道："不过，如果狗系着绳子，被主人牵着倒无所谓了。其实，大哥，今天来我还有一个小小的请求，就是看你能否也给你家的狗系条绳子或者戴个口罩什么的。我们搬到这个小区快两个星期了，女儿一直不敢出来玩，她说害怕狗。所以，希望……"

还没等王梅说完，邻居就略感歉意地说道："啥也别说了，我不知道你家小孩这么怕狗，实在是不好意思。其实以前也有家长找过我，让我把狗拴起来，但他们的口吻就像是在命令我似的，我也有点儿故意和他们做对的心理。你放心，从今往后，凡是出门，我都会用狗绳拴着它。"

王梅之所以能够说服成功，就是因为她不但赞美了邻居的狗，而且在和对方的沟通中与之建立了感情。虽然这种感情很浅，但很真实。另外，重要的一点是，她以一种商量的口吻与邻居沟通，给予了对方充分的尊重。所以，对方答应得也非常痛快。

按照马斯洛的需求理论，尊重是人们仅次于自我实现的第二重要的需求。所以，当想说服对方时，我们最好和他建立某种感情。而要建立感情，特别是在陌生人面前，最快捷、最有效的办法莫过于给予对方尊重。很多人之所以说服失败，就是因为说话语气太强硬，没有考虑到对方的自尊，结果说服之事也就泡汤了。

第十一章

突出“软实力”，让说服语言更有感染力

沟通要简单明确，不要让对方猜测

有些人习惯于用犀利的语言讽刺他人来达到说服的目的，有些人习惯于用简洁的语言澄清事实来达到说服的目的，还有一些人习惯于通过讲述正能量的故事来达到说服的目的。这些人身上所呈现出来的语言特色就是他们的软实力。人们只要提起他们，就能够联想到他们的语言特色。

很多人说话的时候都有一个习惯：明明非常确定的事情，一张嘴就是可能如何如何；明明非常确定的数字，因为害怕出错，结果说出来之后还是大概多少多少。虽然有时候人们含蓄是为了给自己留条后路，但客观来讲，这种不明确的表述方式会让听者非常反感。模糊的表达会让听者不知道你所言是真是假，于是，他们就会去猜测。不管在什么情况下，让对方猜测都是一种不好的征兆的开端。

张来和徐彬是大学同学，俩人毕业后进入同一家公司工作。不过，在公司工作了一年后，徐彬就被提升为总经理助理，而张来还只是一个刚刚转正的销售部助理。张来越想越感觉不对，因为论胆识，论智慧，自己并不比徐彬差。

最后，张来实在是按捺不住，便去找总经理理论。

听完张来的抱怨后，总经理并没有指责他什么，只是问道：“你们部门这个月的业绩是多少？”

张来先是一愣，不知道总经理这样问的意图是什么，想了一会儿后还是作了回答：“这个月的业绩整体来说还算不错。”

总经理问：“怎么个不错法，具体业绩是多少？”

张来说：“700 万上下的样子吧？”

总经理问：“到底是上还是下？”

张来说："这……"

张来被总经理问得卡在那里了，不知道该如何应答。总经理摇了摇头，让张来把徐彬叫来。

徐彬来了之后，总经理径直问道："我们公司这个月的销售情况怎么样？"

徐彬几乎不假思索地说道："公司这个月到目前为止已经完成了 1600 万的业绩，比上个月同期多出 150 万，其中销售一部完成了 750 万，销售二部完成了 850 万。"

听完徐彬的汇报，总经理满意地冲他笑了笑。然后，总经理对张来说道："看到了吧，这就是你们之间的差距。作为助理，你要时刻对公司、部门的销售业绩有一个最为清晰的了解，而你呢，说出来的数据含糊不清。如果你自己都不确定，还怎么让领导相信呢？其实论能力，你和徐彬并没有明显的差别，但是你说话的时候总是习惯性地用'大概''可能''也许'这样的词汇，让人听起来很反感。相反，你刚才也听到了，徐彬汇报业绩时就会用非常准确的数字，一点儿也不含糊。所以说，和你的汇总相比，我更相信徐彬的。"

一般情况下，人们都会用较为准确的言语来表达自己的观点，比如用些具体的数字或者专业词汇等。数据可以让陈述更明确，专业词汇可以让表达更简洁，两者结合就是最好的表达技巧。事实上，当你的语言简洁了，表达明确了，对方就会感觉你很专业，对你所说的话也会更为信服。

当然，简单、明确并非不顾客观条件地自话自说。事实上，如果言语太简洁了，反而会引发歧义，让对方摸不着头脑。所以说，该复杂的时候，语言也要适当复杂一些。

有个青年学子从南方某城市来到北京，想参观一下北京大学。无奈在大学门外溜达了一大圈，也不知道如何进去，因为那里有门卫。他以前听朋友说，要进大学，必须有证，否则不能进。正当他犹豫的时候，从大学里走出来一位戴着眼镜的老者，看起来像是个教授。这个学子便走上前去问道："老师，请问怎么才能进入北大呀？"

老者看了一下年轻人，然后语重心长地说："好好学习，好好考试，就能进入北大。"

听老者如此说，年轻人愣了一下，然后满脸通红地说：“老师，我是想问从哪个门进入北大方便一些，就是不用查证……”

听年轻人这样一说，那位老者倒是愣在那里了。

产生这样的误会，固然和老者的理解方式有关，但也不能否认年轻人的问话是有问题的，因为他的表述不够严谨、准确，容易让人产生误解。其实，这种误解的情况在生活中比较常见，不仅仅是问的人会说些有歧义的问题，而且回答人有时候也会因为理解角度的问题，答得莫名其妙。可能很多人都听说过这样一则故事：

某人家中失火，慌忙中拨通了火警的电话。

接线员问道：“哪里着火了？”

报警者回答：“我家。”

接线员很无奈地说：“我说的是什么地方。”

报警人回答说：“我家厨房。”

接线员再次说道：“我是问我们怎么去。”

报警人反问道：“你们不是有消防车吗？”

第一个例子中，小伙子的问题之所以有歧义，是因为他太心急了，没有把想说的意思表达完整；第二个例子中，报警者的回答之所以让接线员很无奈，就是因为他理解问题的思维很“诡异”。报警之后告诉接线员自己的具体位置是大众都应该知道的常识性问题，而接线员之所以问得简单是因为怕延误救援，所以，我们不能将责任推到接线员身上，反而是报警者应该反思。

毫无疑问，简单、明确对说服他人起着至关重要的作用，但是简单、明确也有一个前提，那就是你要把自己的话说清楚了，把对方的意思理解到位了。

语言不要太“专业”，以防对方厌恶

2016年6月16日凌晨，当LIGO科学合作组织和Virgo合作团队宣布他们已经利用高级LIGO探测器，首次探测到了来自于双黑洞合并的引力波信号后，全世界的媒体、物理科学家都在为之沸腾。那么，这样的发现究竟有什么意义，能在全世界激起如此大的浪潮呢？

事实上，关于这一发现的意义，哥伦比亚大学物理学教授绍博尔齐·马尔卡打了一个颇为形象的比方：人类此前的天文学发现都好似“眼睛”，而引力波的发现意味着人类长了“耳朵”。如果从这个角度来理解引力波的发现，相信很多人对它的意义就会感同身受。

从某种程度上讲，科学家做出这样的类比也是为了“说服”听众，让他们意识到这一发现的重大意义。如果科学家用晦涩的术语来阐述这一发现，则即便爱因斯坦再世，估计也无法让大众理解，更不用说让人们相信了。这便是通俗易懂在说服过程中的魅力。

语言的表达方式千差万别，在说服的过程中，最理想的做法就是用最通俗的语言表达出你的观点，而不是说一些想当然的话或者别人听不懂的术语。那么，具体该如何操作呢？

1. 少用术语

有人认为，讲术语才能体现自己的专业，也才能增加自己的说服力。实际上，这一逻辑从根本上就是错误的。首先，术语的出现并非为了凸显自己的专业，而是为了方便专业人士之间的交流。其次，真正专业的人士不是那些见了谁都能讲出一大堆晦涩的术语的人，而是可以用浅显易懂的语言把自己的理论讲明白的人。

就说服而言，你的目的不是在他人面前展现你所谓的“专业”，所以不要被自己的思维引导着偏离了方向。当然，我们讲的是少用“术语”，而不是完全不用，因为语言表达技巧再好的人，也不可能把每一个术语都用通俗的语言阐释出来。所以，术语可以用，但一定要把握好一个度。

2. 多用类比

类比是人们在阐述自己的某个观点时常用的技巧，目的是让对方更好地理解自己。如同上文哥伦比亚大学物理学教授绍博尔齐・马尔卡把引力波的发现比喻为人类在天文学方面长出了“耳朵”。类比之所以会在说服过程中发挥出作用，就是因为每一个人都有想象力，可以把两个原本不相干的事情之间的相似点串联起来。鉴于此，人们在使用类比的时候，一定要保证自己所列举的两件事情或物品之间存在着这种形似的关联，否则，非但无法达到说服的目的，还会被他人嘲笑。

被誉为“电学之父”的法拉第曾经为众人做过一个电磁学的实验表演，实验结束后，有人站起来问他：“这有什么用呢？”法拉第几乎没有思索，冲着刚才发话的人问道：“那么，先生，请问刚出生的婴儿有什么用呢？”

说句心里话，我们不得不佩服法拉第的睿智。他将一个尚处于研究初始阶段的电磁学理论和新生婴儿作类比，实在是再恰当不过的。首先，就“初始”这一共同的特征而言，没有人会质疑这一类比的合理性。其次，谁放说刚出生的婴儿没有用呢？毫无疑问，没有人敢说，因此，说电磁学无用的观点就不攻自破。实际上，电磁学与人类的很多其他发明一样，在初始阶段的价值都不是很大，但随着研究的深入、功能的改进，它们也渐渐地显示出了非常巨大的潜力。当然，法拉第能够如此迅速地做出这样的类比，也和他对所研究的电磁学的热爱有很大关系。或许，在他的内心，电磁学就是他的孩子。

3. 讲好故事

亚里士多德曾经说过这样一句话：“我们无法通过智力去影响别人，而情感却能做到这一点。”或许，我们也可以这样说：“我们无法通过逻辑去说服别人，但可以通过情感去达成。”这一观点现在也得到了很多心理学家的认可，而且他们通过实验也证明了，情感有时候确实比理性更有说服力。当然，情感只是一种思维，具体该通过什么样的方式去达成说服的目的呢？事实上，没有比讲故事更好用的办法了。

有位男子在机场被警察扣留，原因是有人怀疑他偷了自己的钱包，而且警察也确实在他身上找到了失主丢失的钱包。那么这究竟是怎么一回事呢？据这位男子说，他有一个和失主一模一样的钱包，可能是临走的时候拿错了。不过，这位男子的钱包已经丢失，无法提供“物证”，最后还是被当作嫌疑人扣留了。这位男子不甘心，很快就为自己找了一位辩护律师。男子委托的律师并没有提供什么证据，也没有进行严谨的推理，只是当着大家的面讲了一个故事：

“在我小的时候，有一天看到自己的狗叼着邻居家的兔子进来，而兔子已经死了。我的第一反应是，我的狗咬死了那只兔子。为了保护狗，我决定把这件事隐瞒下来，所以我把兔子洗干净、毛吹干，又放回了邻居家的兔笼里。我想，这样的话就没人知道了。

“第二天，邻居来我家串门时说了件趣事，他说自己的兔子三天前就死了，他们把它埋到树林里，可不知哪个神经病，把兔子挖出来、洗干净又放回了笼子里。这时候我才知道，我错怪了我的狗。

“原本明明白白、清清楚楚的事情，最后却不是真相。在这起案件中，表面看来是我的当事人偷了钱包无疑，但也不能排除他真的是误拿。现在大家无法100%确定我的当事人不是误拿，而这，就是我们所说的合理质疑。”

通过这个故事，这位律师成功地为自己的当事人进行了无罪辩护。事实上，讲故事这种说服技巧，不仅可以让听众更容易理解你的意思，还能够引发他们的思考，从而给他们留下深刻的印象。

厚积薄发，在日常生活中储备谈资提高沟通能力

在绝大多数情况下，说服的过程本身就是一场谈话或者聊天。如果在这一过程中出现了无话可说的尴尬局面，说服就会变得困难重重。所以说，为了更好地达到说服的目的，储备适当的谈资是非常重要的。

所谓谈资，就是说话的素材，如同我们饿了有饭吃、渴了有水喝一样，聊天的时候也需要有话可谈。如果缺少谈资，两个人干巴巴地坐在那里，非但不利于说服，还会让两个人的情感、理智朝着相反的方向发展。

林达是一家化妆品公司的老板，为了扩大公司的影响力，她一直以来都要求公司的员工使用自己公司生产出来的产品。而且林达非常坚信的一点是，员工只有这样才能表现出对公司的忠诚，而且唯有这样才能让公司的利益最大化。鉴于此，她非常不理解那些开着雪佛兰去推销丰田汽车、自己不参保却向他人推销保险的销售员。

有一次，她发现一位经理在洗手间使用一种不是她们公司生产的唇膏及粉盒。那一刻，林达非常生气，上前质问道：“我说过多少次了，不能在公司使用其他公司的品牌，你这样做可不太好吧！”

那位经理的脸顿时就红了，不过还是倔强地说道：“没错，这的确不是咱们公司的产品，但是我必须这样做。”

林达不解，问道：“那好，你告诉我为什么必须这样做。”

经理说：“前几天，我去拜访了一个客户，但最后这单生意还是没谈成。你肯定猜不出我为什么会失去这位顾客。

“其实很简单，我们在聊天的过程中，他无意间问了一些关于其他公司化妆品的问题，但是很遗憾，因为从来没用过，所以我对那些产品一无所知。客户临走时抱怨道，如果我们连竞争对手的产品都不了解，那么我们的产品也好不到哪里去。

“事后，我对这次拜访进行了一次总结，发现要想说服客户，必须储备足够多的谈资。生活方面的谈资我已经足够了，但是关于产品方面的谈资，因为一直以来我们接触的面太窄，所以这是我的一个不足之处。我希望下次当顾客和我谈起任何一个关于化妆品的话题，我都可以对答如流。这也是我开始尝试使用其他品牌化妆品的原因。你可以因为我违反了公司的规定而惩罚我，但是我必须继续把自己工作中的分内之事做好。”

听完经理的讲述，林达深深地吸了一口气，然后说道：“你说的没错。如果将来有一天顾客和我聊起同样的话题，我也会哑口无言的。或许这些只是一些可有可无的谈资，但如果自己缺乏相关的素材，也会最终失去顾客。”

一个星期后，林达在公司开了一个全体会议，宣布废止“员工只能使用本公司化妆产品”的制度。

那位经理之所以会失去客户，是因为她与客户的沟通出现了问题。客户只是想了解一下两家公司产品各自的优势，但经理却说不上来。这种现象在商务交流中最为忌讳，特别是当你还是所谈内容方面的专家的时候。

在说服的过程中，双方可能会谈到任意一个话题。当然，我们不可能对每一个话题都了如指掌，但如果你对此真的一无所知，就会让对方轻视你。相反，如果谈到了一个很生僻的话题，结果你对答如流，看起来很专业的样子，那么对方对你的崇拜感也会油然而生。这就相当于为你接下来的说服工作开了绿灯。

既然谈资如此重要，那么究竟该从什么地方获得谈资呢？方法很多。电视、网络、报纸、杂志、书籍等，都是获取谈资的途径。人们常说：“读万卷书不如行万里路，行万里路不如阅人无数。”

其实，读书、旅行、阅人都是人们获取谈资的方法，而且在说服过程中往往有着非常神奇的效果。比如，你想说服一个人改变他的想法，但一直没有成功。

有一天，你们无意间聊起你曾经的一段徒步穿越沙漠的经历，正好对方对这样的旅行非常感兴趣。当你把自己在沙漠里遭遇的挫折、困难等讲完之后，对方被你的故事深深打动，对你产生了一种崇拜感。紧接着，你再稍微提一下他的那个想法有问题，然后提出你的建议，相信对方肯定会往你所期望的那个方向转变。

谈资虽然是以一种闲聊的方式呈现的，但是你在进行有目的的说服工作之前，最好把谈资梳理一番。这样，你们的沟通才会有方向，而且你的语言的逻辑性也会更强，从而让说服变得更容易。

每个人都喜欢听会让人振奋的积极正面语言

我们都知道，积极正面的语言会让人振奋，而消极负面的言论会让人颓废。所以，人们都喜欢和充满正能量的积极人士相处，不喜欢和消极的人在一起。其实，在说服他人的时候，语言的积极与否也起着非常大的作用。试想一下，如果你说了别人不爱听的话，对方肯定会讨厌你，那么你又凭什么让对方接受你的观点呢？因此，为了增强言语的说服力，我们就需要多说一些他人喜欢听的积极正面的话。

马翔宇是一名刚入行的推销员，因为业绩很差，所以最近很苦恼。在周末和某个同事吃饭的时候，他感慨道：“或许我压根儿就不是做销售的材料。”

为了安慰翔宇，这位同事让他把平时见客户的场景给他模拟一遍，看看问题究竟出在哪里。

马翔宇虽然有点儿沮丧，但不想辜负同事的这番好意，就把平时见客户时用的话术阐述了一遍。他说：“一般我见到客户后，都会这样跟他们打招呼，比如：‘张先生，实在是抱歉，周末打扰你，还望见谅，你现在有时间吗？’结果，很多情况下，我这句话还没说完，就被对方一口回绝了。然后对方会说：‘要不下次吧，我现在很忙。’”

听完马翔宇的话，同事低头思索了一会儿，然后说道：“我知道问题出在什么地方了，其实你在一开始的时候就已经让自己处于被动的局面了。首先，你没必要向客户道歉，因为耽误他的时间，是为了给他带来利益。事实上，客户应该感谢你给他介绍了那么好的产品，而不是你道歉说耽误了他的时间。如果你道歉了，则说明你对自己的产品不够自信。其次，当你道歉的时候，你无疑会向对方传递一种相对负面的情绪，不利于对方接受你会谈的请求。其实，你完全可以换一种说法，比如：‘张先生，能在周末找到你真是太高兴了，给我 3 分钟时间应该没问题吧？’”

第二天，当马翔宇去拜访客户的时候，他采纳了同事的建议，结果顺利多了。

马翔宇最初会遭遇失败，跟他说话的方式有很大关系。面对他的问话，客户肯定会想：明知道会打扰，为什么还要来？至于“你现在有时间吗”这样的问题，更是会让客户反感。事实上，这样的问话已经给客户的拒绝铺平了道路，因为人们会顺着他的问题回答“没时间”。而同事的建议就很巧妙地规避了这些问题。“找到你很高兴”既表达了自己兴奋的情绪，又可以很自然地拉近与对方的距离。“给我 3 分钟时间”用得也很巧妙，因为就算客户再忙，也不会忍心拒绝 3 分钟的请求的。

有个教徒在祈祷的时候烟瘾犯了，便问在场的神父：“祈祷的时候，可不可以抽烟？”

神父说：“这是对神的不尊敬，不行。”

此时，坐在他旁边的另一个教徒也想抽烟，然而他是这样问神父的：“吸烟的时候，可以不停止祈祷吗？”

神父回答：“难得你有这样一份心意，当然可以。”

虽然表达的是同样的意思，但因为说的技巧不同，得到的答案也完全相反。所以说，积极正面的语言有时候并不是说你的热情到位就够了，它需要一点儿策略和技巧在里面。在说服的过程中，为了让语言更充满正能量，我们可以借鉴以下技巧。

1. 变“但是”为“正因为如此”

为了强调手写汉字在现代社会的重要性，有的人可能会说：“虽然现在已经进入了互联网时代，但是手写书信依然很有价值。”这句话虽然把意思表达清楚了，但说服力一般。倘若我们换一种说法：“现在已经进入了互联网时代，正因为如此，手写书信才显得弥足珍贵。”这样的说辞，不仅给予手写书信正面的肯定，而且会让读者产生用手写书信的强烈冲动。

2. 多说“没你不行”

虽然我们都知道无论少了谁地球都会照常转动，但是对某个个体而言，当听到他人说“没有你真不行”的时候，都会异常激动。特别是热恋中的姑娘听到男朋友这样说，肯定会更加兴奋。这句话的价值就在于，它突显了对方存在的重要性。一般人如果肩负了这样的“使命”，就会乖乖地顺从。

3. 避免说容易让人丧失信心的话

在工作不顺心、生活不如意的时候，人们总会习惯性地唉声叹气，或者说些抱怨的话，比如“这肯定不行”“我的能力有限”等。如果自己认同了这些话，就会变得懒惰、不思进取。这些话不仅会产生连带效应，也会让你给他人留下一种固有的懒散形象。一旦人们对你有了这种印象，你再想说服他们，就会难上加难。

第十二章

提升口才表达力，在情理之中突显说服力

学会用时间说服对手，有些沟通不是一蹴而就的

说服是需要勤学苦练才能拥有的功夫。说服难不难，关键看你的功夫到不到家。但说服又与各门各派的实战功夫不同，它只有一个招式：张嘴。即便如此，要想把说服的功夫练到家，并不比各门各派的实战功夫容易。说服者需要对说服有一个根本性的了解，也要对围绕说服的规律有一个宏观的把握。当然，还有最重要的一点，即说服者必须做到“知行合一”。

老话说得好：“心急吃不了热豆腐。”对说服而言，更是如此。有时候，可能三言两语就可以说服一个人；有时候，三番五次才能成功。同样是说服，有的耗时短，有的耗时很长。其实这很正常，毕竟任何说服都不可能是一帆风顺的，中间难免会遭遇挫折，需要你为之付出一定的努力。

拿“三顾茅庐”这个典故来说，当时，刘备、关羽、张飞去了两次都没有见到诸葛亮，结果关羽认为诸葛亮不过是徒有虚名，不敢来见，而张飞更是说只需自己一个人去，如果对方不从，便捆着对方来见。三人中，唯有刘备最有远见，也最有耐心，结果第三次拜访如愿见到诸葛亮。现如今，人们常用“三顾茅庐”来比喻真心诚意，一再邀请、拜访有专长的贤人。其实，不仅仅是贤能的人，就算是普通人，如果你想说服对方，则没有一定的耐心诚意也很困难。

刘龙是一家医疗设备公司的推销员，他想说服某市一家三级甲等医院的采购部经理购买他们的一款产品，结果那位经理以医院已经和其他设备公司签订了长期的供货合同为由，拒绝了他的请求。不过，刘龙并没有放弃，而是在第二天又去拜访了这位经理。刘龙很有礼貌，而且很耐心地给那位经理介绍了他们产品的优势以及相关使用细节等。无奈，那位经理丝毫都没有被打动。刚开始，那位经

理还偶尔听刘龙的讲解，但因为刘龙去得太频繁了，终于有一天，他冲着刘龙破口大骂："你的脑子是不是有病啊？我都说了多少次了，不需要，你怎么还来？"

一般人遇到这种境况，都会选择放弃，不过刘龙并没有这样做。他想：那位经理发了如此大的火，说明我的行为确实对他产生了影响。既然他已经生气，那么不能白白浪费掉这次机会。两天后，刘龙又来到了这家医院。当他站到采购经理办公室门口的瞬间，那位经理一脸的诧异。很显然，他没有想到刘龙还会再来。或许是意识到前两天自己的火有点儿大了，那位经理很尴尬地问道："我不是告诉你了，我们不需要，你怎么又来了？"

见经理的脸上并没有特别的怒气，刘龙的心也放了下来，他说道："前天因为我的原因，让你生那么大的气，实在是对不住，今天来也是想向你道个歉。"

就这样，刘龙顺利地进入经理的办公室，聊了一些不相干的事情后，那位经理竟然主动让刘龙把产品的资料留下来一份，承诺如果有需要，后续就会跟他联系。

刚开始，刘龙还以为这位经理只是随便说说，结果他回公司的第二天，那位经理就给他打来电话，向他预定了两台总价值超过 20 万元的医疗设备。

销售之道，贵在坚持。我们从刘龙的故事里可以真切地感受到坚持的力量。当然，作为说服的主导人，刘龙的耐心更是他最终成功的关键。如果没有前期的积累，就不会出现后面经理的暴怒。经理的态度如果一直不温不火，那么他们的关系还是会像以前一样四平八稳。这种表面的和谐对签单并没有什么作用，所以，当经理脾气爆发的时候，刘龙看到的是机会。因此，他忍住了，坚持到了最后，也等到了他的成功。

可以说，耐心是这个世界上最容易的事情，但也是最难的事情。说它容易，是因为它只需要你静静地等待即可，不需要特别的脑力、体力；说它难，是因为没有几个人在耐心等待的时候，能够心不慌、脑不乱。其实，说服本来就是一件很让人烦恼的事情，当你一而再、再而三地对他人进行说服时，对方肯定会心生厌恶。在这种情况下，对方又怎么会接受呢？事实上，很多人正是在这种百折不挠的精神下被说服的。比如在感情上，因一方的耐心与坚持，最终两人终成眷属的例子也很多。或许一段感情刚开始，女孩子并不喜欢男生，但男生天天给他送玫瑰，写情书，任谁都招架不住这样的"攻势"。人们常说的"一见钟情"在现实生活中发生的概率并不大，大部分人的感情都是经由耐心慢慢地培养起来的。

总之，要想成功说服对方，首先就一定要有耐心。

晓以利害，让对方更佩服你

虽然我们经常会用“不识好歹”来形容那些分不清好坏、辨不清是非的人，但现实中真正不知道是非、好坏的人几乎没有。正如孟子将“恻隐”“羞恶”“辞让”“是非”列为人之“四端”，并认为它们都是人所固有的，并非外界强加的。人之所以有时候分不清好坏、是非，并非真的是理性缺失，而是站的角度不一样，观察到的事物也会不同，或者一时陷入迷雾，又无人点拨。所以，在试图说服他人时，我们不妨诚心诚意地告知对方这样做的利弊，相信他定会虚心接受。

巴西足球运动员贝利是举世闻名的“球王”，事实上，他在很小的时候就表现出了踢足球的天赋，而且有着不俗的成绩。有一次，在参加完一场激烈的比赛之后，小伙伴们都精疲力竭地躺在地上。有几个队友为了缓解疲劳，便拿出了香烟开始抽起来。贝利见状，也要了一支，学着大家把烟雾从嘴里吐出来，感觉很潇洒。就在这时，贝利的父亲从球场旁边经过，看到了这一幕。

晚上回到家里后，贝利看到父亲一脸严肃地坐在椅子上。他刚想回自己的房间，父亲却叫住他，问道：“你今天抽烟了？”

“是的。”小贝利低着头，准备接受父亲的训斥。

父亲并没有责骂他，而是站起来，在屋子里来回走了好几圈，最后在他面前站住，说道：“孩子，在踢足球方面，你确实有几分天赋，即便如此，你也需要勤奋苦练，将来才会有出息。你也知道，要想成为一名出色的球员，身体素质是最重要的。你可能会说，今天是你第一次抽烟，而且只抽了一根，但你要明白，烟这种东西是会上瘾的，有了第一次，就会有第二次、第三次。如果你染上了烟瘾，你的身体素质就会直线下降，到时候，你的天赋也就不复存在，你喜欢的足球也会与你渐行渐远。”

停顿了一会儿后，父亲接着说道：“作为父亲，我有责任对你的不良行为提出批评，并加以制止。但最终你是否能够变得更好，主要还是取决于你自己。”

说到这里，父亲问道：“你是想让烟雾麻痹自己的身体呢，还是想在足球的世界里闯出一片自己的天地呢？你已经不是小孩子了，你自己做主吧。”

紧接着，父亲从口袋里掏出了一些钱放在小贝利面前，说道：“如果你不打算做一个有出息的球员，那么你就拿这些钱去买烟吧。”说完，父亲便转身离开了房间。

听完父亲的教导，小贝利泪流满面。过了一会儿，小贝利拿着父亲刚才留给自己的钞票，走到父亲面前说道：“我再也不抽烟了，我要成为这个世界上最伟大的球员。”

从此，贝利在足球方面更加用心，训练也更加刻苦。终于功夫不负有心人，他兑现了自己当初的承诺，成了真正的“球王”。

当我们在佩服贝利父亲在教育儿子的良苦用心时，我们也不得不对他的说服方式表示赞赏。试想，如果他对贝利痛打一顿、痛骂一番，结果会怎样呢？或许当时小贝利是不抽了，但等到身上的痛没了，他就会忘记父亲的教导。相反，父亲把道理给他讲通了、说透了，这些东西就会刻在他的脑子里，烙印在他的心里，让他受用终生。

亮出底牌，借助开诚布公赢得对方的心

美国心理学家雷伊·托普松指出：如果能让双方互棚坦率地指明条件，就容易使谈判双方达成一致，并形成双赢的局面，而且谈判双方各方面的满意度也可以提高到 80%；如果双方均有所保留，则彼此会存留不满，形成双输的局面，各方面的满意度也会低于 20%。可见，有时候亮出底牌更有利于在谈判中说服对手。

有人可能会觉得，即便自己直截了当地指明了条件，对方也可能会隐藏底线。确实存在这种可能性，不过心理学家也发现人与人之间存在着“好意回报性”的心理，就是说当自己敞开心扉的时候，则对方也会敞开心扉。同样的道理，如果你有所隐瞒，对方觉察到之后也会有所隐瞒，不管这种隐瞒对他是否有利。所以说，有时候不妨向对方明示你的底线。如此一来，对方也会照做，而你们之间的沟通就会减少试探，进而顺利进行。

事实证明，率先亮出底牌作为一种说服的策略有以下诸多优点。

（1）如果谈判双方从一开始就露出实底，则比较容易感动对方，使对方也采取积极行动，促成和局。

（2）首先做出让步是一种诚意的表示，会让对方产生一种强烈的信任感，容易形成友好的气氛，也易于交谈。

（3）率先做出的大幅度让步会给对方留下坦诚相见的良好印象，有利于提高谈判效率，降低谈判成本。

当然，亮出底牌终究不像其他说服技巧那样具有普遍性，或者说，亮出底牌存在的潜在风险也比较大。比如，如果自己先做出让步，则会让对方觉得你有些

操之过急，也容易让对方感到还是有利可图的，继续讨价还价。特别是强硬而又贪婪的对手，在得到第一次让步后，他可能会继续纠缠，争取更大的让步。此时，如果拒绝了对方的要求，则反而会很容易出现僵局。

另外，由于亮出底牌还可能失掉本来可以争取到的利益，不利于在谈判桌上进行讨价还价，因此，人们在使用这种说服策略时，最好做到审时度势、趋利避害。

亮底牌策略作为一种非常敏感的策略，在具体运用中除了趋利避害之外，还有一些技巧性的东西需要把握。

就使用范围而言，这种策略最好在自己处于劣势或双方关系较为友好的前提下使用。以商务谈判为例，处于劣势的一方虽然实力较弱，但并不等于就一定会任人宰割，可以采用各种手段积极进攻来扭转局面。在采用这种策略时，应当充分表现出自己的坦率，以诚动人，用一开始就做出最大让步的方式感动对方，促使对方也做出积极反应，拿出相应的诚意。如果双方有过多次合作或者是处在氛围比较友好的谈判中，则双方更应以诚相待。遇到这种情况，当一方做出让步后，对方一般不会无动于衷。当然，谈判人员在使用这种策略时，语气要坚定，态度要诚恳，表述要明确，否则，会让对方猜测你还有所隐瞒。

把“你”变成“我们”，善用高情商的说服语言

试想一下这样一个场景：周末，你想让弟弟和你一起把家里彻底打扫一遍。结果，当你对弟弟说出“你也来打扫卫生吧”的时候，弟弟却说他已经和朋友约好了要去打篮球或者去图书馆之类的话。他为什么会拒绝呢？没错，他可能真的是有事，也可能是真的很懒，但这并非最根本的原因。如果你换一种说法，比如说“咱们一起把房间卫生打扫一下吧”，此时，他的排斥心理就会减少很多。

以上这两种表述方式有什么区别吗？当然有区别。当你说出“你也来打扫卫生”的时候，会有一种命令的成分在里面，他会觉得自己只是配合你打扫卫生而已。相反，当你说“咱们一起把房间卫生打扫一下吧”的时候，他会觉得你是在和他商量，而且你们属于一个“团队”，不存在谁给谁做的问题。这就是本节所要讨论的“团队化”说服。

当我们在对他人说“一起”做某事的时候，会让对方觉得很愉快，从而忽略了你言语里面说服的成分。事实上，我们人都有一种和他人一起做某事的本能，而且当你向对方这样提议的时候，对方能从你身上感受到种被信任的感觉。这便是团队化意识在说服过程中的价值。

2013 年 6 月，巴西世界杯的预选赛正在如火如荼地进行。一天，日本的涩谷十字路口格外热闹，因为很多球迷都在涩谷附近的酒吧喝酒助威。刚开始，比赛一直以日本队 0：1 落后的状态僵持着，不过在比赛即将结束的伤停补时阶段，日本队员本田圭佑射入点球，帮助日本队拿到了世界杯正赛的入场券。

因为比赛过程一波三折，所以聚集在涩谷十字路口的行人也越来越多。很多原本只是路过的陌生人，也停下来开始鼓掌。聚集的人越来越多，很快就造成拥

堵，而且很有可能陷入一种恐慌的状态。遇到这种情况，一般的巡警会吆喝：“请大家遵守交通规则，不要踏入车道！”若是在平时，大家或许会听从巡警的提醒，但当时的球迷正因为世界杯而处于兴奋状态，而且很多人还喝了酒。不过，事后这个十字路口并没有发生踩踏，也没有出现任何恐慌。那么，巡警究竟是谁用什么方法维持了现场秩序呢？

原来，当天执勤的是一位后来被称为DJ警察的巡警，他是这样对球迷们说的：“别看我这个巡警平时总是对你们板着脸，但此刻我也为日本队的出线而深感自豪。此刻的我既是一名巡警，也是你们的队友，那么，请听从队友的建议。”

听到这位巡警如此一说，球迷们立刻为他鼓掌，而且也确实按照他的建议遵守了交通规则。事实上，巡警的这番话很好地抓住了球迷们的心，特别是一群年轻人，他们肯定会这样想：既然是队友，就肯定要听队友的话，刚才咱们日本队就是靠着这股合作精神才出线的。

其实，巡警的表述就是“团队化”说服的一个非常经典的案例。他抓住了广大球迷当时的心理状态，巧妙地规避了他们对命令的排斥，而且迎合了他们对“团队”“队友”之类称呼的喜好。后来，这位DJ警察荣获“警视总监奖”，也是第一次有人以“交通管理”为由获得该奖。

“团队化”说服与其说是一种思维，不如说是一种讲话的技巧或者语言习惯。要做到这一点并不难，只需要将平时说话中的“你”变成“我们”，把“去做”变成“一起去做”就可以了。利用“团队化”的口吻去说服，会让对方产生一种伙伴意识，有时候即便提出是一些比较麻烦、困难的请求，对方也会欣然接受。

第十三章

高情商的人说话都让人舒服

重视每次谈话细节的人都能成为口才高手

细节决定一切，谈话也是如此。重视每次谈话细节的人，往往是那些被称为说话高手的人，他们之所以成为口才高手，是因为他们不轻易放过任何一次交谈的机会，把说话的有利战果尽收囊中。

在我们的日常交际中，除了一些业务性质的交谈，一开始就要进入正题之外，一般社交性质的谈话，多半是从“闲谈”开始的。有些人就是不喜欢“闲谈”，他们觉得“今天天气怎样”和“吃过早饭了吗”这一类的话，都是无聊的废话，他们不喜欢谈，也不屑于谈，他们不知道像这一类看来好像没有意义的话，却对接下来的正式交谈起着至关重要的作用。是什么作用呢？就是交谈的准备作用，好比在踢足球之前，蹦蹦跳跳、伸手伸脚的热身运动。

一般的交谈总是由“闲谈”开始的，说些看来好像没有什么意义的话，其实就是先使大家轻松一点，熟悉一点，形成一种有利交谈的气氛。

当交谈开始的时候，我们不妨谈谈天气，而天气几乎是中外人士最常用的普遍的话题。天气对于人生活的影响太密切了，天气很好，不妨同声赞美；天气太热，也不妨交换一下彼此的苦恼；如果有什么台风、暴雨或是季节流行病的消息，更值得拿出来谈谈，因为那是人人都关心的。

开始交谈，的确需要相当的经验，当你面对各式各样的场合，面对着各式各样的人物，要能做得恰到好处，实在不是一件容易的事。倘若交谈开始得不好，就不能继续发展彼此的交往，而且还会使得对方感到不快，给对方留下不好的印象。

自然、亲切有礼、言辞得体最重要。然而做到这一点，也不能说就一定会收到良好的效果。因此，平时除了你最关心、最感兴趣的问题之外，还要多储备一些和别人“闲谈”的资料。这些资料往往应轻松、有趣，容易引起别人的注意。

1. 家庭问题

关于每个家庭里需要知道的各方面的知识，例如儿童教育、购物经验、夫妇相处、家庭布置、亲友之间的交际应酬……这一切，也会使多数人产生兴趣，特别对于家庭主妇们。

2. 运动与娱乐

夏天谈游泳，冬天谈溜冰，其他如足球、羽毛球、篮球、乒乓球，都能引起人们普遍的兴趣。娱乐方面像盆栽、集邮、钓鱼、听唱片、看戏，什么地方可以吃到著名的食品，怎样安排假期的节目……这些都是一般人饶有兴趣的话题。特别是有世界著名的音乐家前来表演的时候，或是有特别卖座的好戏、好影片上演的时候，这些更是热闹的闲谈资料。

3. 健康与医药

谈谈新发明的药品，介绍著名的医生，对流行病的医疗护理，自己或亲友养病的经验；怎样可以延年益寿，怎样可以增加体重，怎样可以减肥……这一类的话题，不但能吸引人的注意，而且实在对人有很大的好处。特别是遇到他本人或家人健康有问题的时候，假如你能向他提供有价值的意见，那他更是会对你非常感激的。事实上，有哪一个人、哪一个家庭没有这方面的问题呢？

4. 无伤大雅的玩笑

例如，买东西上当啦，语言上的误会啦，办事摆了个乌龙啦，等等，这一类的笑话，多数人都爱听。如果把别人闹的笑话拿来讲，固然也可以得到同样的效果，但对于那个闹笑话的人，就不免有点不敬。讲自己闹过的笑话，开开自己的玩笑，除去能够博人一笑之外，还会使人觉得自己很随和，很容易相处。

5. 惊险故事

特别是自己或朋友亲身经历的惊险故事，最能引起别人的注意。人们的生活往往不是一帆风顺的，每天大家照常吃饭，照常睡觉，可是突然大祸临头了，或是被迫到一个很远的地方，路上可能遭遇到很多危险……怎样应付这些不平常的局面，怎样机智地或是幸运地在刻不容缓的时候死里逃生，都是一个人永远不会漠视的题材。

6. 政治和宗教

这两方面的问题最容易引起人们谈话的兴趣，倘若你遇到的人在政治上和你见解颇为接近，或是具有共同的宗教信仰，那么这方面的话题，就变成最生动、最热烈、最引人入胜的了。

7. 社会新闻

假使你有一些特有的新闻或特殊的意见和看法，就足以把一批听众吸引在你的周围。

8. 笑话

当然，人人都喜欢笑话，假如你构思了大量各式各样的笑话，而又富有说笑话经验的话，那么你恐怕是最受人欢迎的人了。

9. 兴趣

每个人都有自己的特长或者是兴趣和爱好，而每个人都对自己的特长有一定程度的关心。只要我们在与人交往中用心去观察，就很容易发现对方的长处，而在与之闲谈时投其所好，让对方因此而很快对你这个人感兴趣，从而轻轻推开交谈的大门。

在生活中善于拒绝，是摆脱一切干扰的艺术

在生活中，处处需要拒绝别人。比如，双休日你正在家休息，推销员不期而至，说什么“给您送礼来了”，软磨硬缠推不出门；电话铃忽然响了，是某家电器公司的推销人员，向你介绍一种最新产品，是如何的物美价廉；你本来经济就有点紧张，却有朋友告诉您“××要结婚了，我们是否祝贺一下”，“××刚生了个小孩，我们去看看吗”；当你正在办公室聚精会神地工作，来了一位工作刚告一段落的同事对你说：“休息一下，别那么累。”刚送走这位先生，又来一位聊天的同事，如果你对他们都热情地奉陪到底，这半天就泡汤了，什么事都做不成了。对付“聊天客”，你可以说：“真抱歉，今天是我近来最忙的一天，再累都不敢休息。”稍微知趣者，会立即退出办公室。

所以说，在生活中善于拒绝，是摆脱一切干扰的艺术。

拒绝是一个情绪强烈的负面词，当我们对上司、对朋友使用它时，一定要面带微笑，语气亲切。即使是对素不相识的营销人员，也要讲究点方式方法。

在生活中，对来自亲戚朋友的请求更要学会一些拒绝的技巧。假如我们担心老朋友埋怨我们不近人情，怕人们说我们不愿帮助人，怕伤害别人的自尊心或怕给人带来不愉快和麻烦，便轻易答应别人一些事情，结果反而使自己陷于无穷的烦恼和纠缠中不能自拔，这样不只浪费了自己的时间，还浪费了自己的精力，伤害了自己与朋友的感情。

曾有位女士对林肯说：“总统先生，你必须给我一张授衔令，委任我儿子为上校。”

林肯看了她一下，女士继续说：“我提出这一要求并不是在求你关照，我有

权利这样做。因为我祖父在列克星敦打过仗，我叔父是布拉斯堡战役中唯一没有逃跑的士兵，我父亲在新奥尔良作战过，我丈夫战死在蒙特雷。”

林肯仔细听过后说：“夫人，我想你一家为国家已经做得够多了，现在把这样的机会让给别人的时候到了。”这位女士本意是恳求林肯看在其家人功劳的分上，为其儿子授衔。林肯当然明白对方意思，他装糊涂而已。恰到好处的拒绝既有利于自己，也有利于别人。

下面是委婉拒绝的技巧：

1. 假托直言

直言是对人信任的表现，也是与对方关系的体现。但是多数情况下直言因逆耳而不能收到预期的效果。在这种情况下，要拒绝、制止或反对对方的某些要求、行为时，可采取假托由于非个人的原因而加以拒绝，这样对方就容易接受。

例如：某报社的推销员登门要求你订阅他们发行的报纸，可你不想订阅。你可以很有礼貌地说：“谢谢。你们的服务很周到，可是我家已经订阅了其他几家报社的报纸了，请谅解。”

2. 反复申诉

当别人侵犯了你的权利时，你要维护你的权利，应该学会在冲突情境中有效地反复表达你的意见。

例如：你到商店去买东西，由于购物的人多，售货员少找给你 10 元钱。你向售货员提出，售货员因记不清而引起了纠纷。这时你要以一种平静而重复的声音诉说是如何少找给你钱的，直到问题得到解决。下面这段店员和买主的对话就是一个很好的例子。

买主：“小姐，你少找给我 10 元钱。”

店员：“不会吧，我们总是一手交钱，一手交货。”

买主：“我相信你们总是这样做的，可是你确实少找给我 10 元钱。”

店员：“你有发票吗？”

买主：“有（拿出发票）你看，就是差了 10 元钱。”

店员：“（看发票）你在这里买的是两双儿童的靴子。”

买主："不错，你再算算，就是差 10 元钱。"

店员："你看过你的衣袋没有？你是不是掉在哪儿了？"

买主："不会的，我没动地方。我衣袋里再没有钱了。"

店员："现在没法结算，快闭店时我们结账，你来一趟好吗？"

买主："好，我相信您一定会想起来的。"

3. 模糊应对

如果由于某种原因不愿意或不便于把自己的真实想法说给对方，这时可以用模糊语言来应对。

例如：在医院里，一位患有严重疾患的病人问医生："我的病是不是很重，还有康复的希望吗？"

医生回答："你的病确实不轻，但是经过治疗，安心养病，慢慢会好的。"

这里的"慢慢会好"是模糊语言。这"慢慢"是多久，是说不清的，但给病人以希望，对病人是一个极大的安慰。

4. 热情应对

明确表示你希望满足对方的要求，并表示同情，可是实际上是心有余而力不足，请对方谅解，而不直接拒绝。这样也能收到良好的效果。

例如：刚普及固话的时候，客户要求电信局安装住宅电话，由于供不应求，无法一一满足，但又不能拒绝客户的要求。回答时，应表示同情，并热情地说："满足客户的要求是我们应尽的责任，可是由于目前线路短缺，还不能全部解决，我们正创造条件，请您耐心等待。"

5. 借助第三者

对对方提出的问题给予回避性的回答，而不直接否定对方提出的不合己意的问题。

例如：你的同学问你"某某小说写得很不错，你认为怎样"。

你可以这样回答："还可以，不过我更喜欢某作家的某一本小说。"

再如，星期天你的妻子说："今天我们去看话剧好吗？"而你不愿去，可以说："去看电影怎么样？"这种回答不会引起对方的反感，对方可能会同意你的意见。

学会掌控自己的情绪，在批评之前先了解事实情况

富兰克林曾经提醒我们：“当发怒和鲁莽开步前进的时候，悔恨也正踩着两者的足迹而来。”

遇到不如意的事情就勃然大怒，只不过是宣泄自己的不满情绪而已，绝不能解决问题，或是走出困境。

某企业的一个市场调查科长，因为提供了错误的市场信息而造成了企业的重大损失。犯了这样严重的错误，毫无疑问，企业总经理可以不问理由地对他进行斥责，甚至撤职。

但是，这位怒上心头的总经理还是忍了忍，他想先了解一下：到底是这位科长本身不称职而听信了错误信息呢，还是由于不可预料的原因导致的？

于是，这位经理压下了心中的怒火，只是心平气和地把科长叫来，叫他把判断失误的原因写一个报告交上来。

几个月之后，这家公司因为这位市场调查科长提供的信息极为准确而饱赚了一笔。

于是，总经理又叫人把那个科长请来，说：“你上次的报告我看了，你们的工作做得不太细致，有一定责任，但主要是不可预测的意外原因造成的，因此公司决定免除对你的处罚，你也就不要把它再放在心上，只要以后吸取教训就行了。这一次，你做得不错，为公司提供了重要信息，我们要表扬你。”

说完之后，总经理随即从办公桌里拿出一个红包递给他，这个科长接过来时，不禁眼眶泛红。

因此，千万要切记，在开口批评人之前，一定要了解事实，在心里问一下自己：“我不会搞错吗？”

否则，乱指责人，不仅会落个乱骂人的坏名声，事后还得向下属赔礼道歉。

然而，就算是你能放下架子，坦率地向下属说：“对不起，是我弄错了。”下属所受的伤害和对你的憎恶，却很难一下子就冰释。

如果你了解这个错误确实是下属犯的，也还要进一步调查和思考：这个下属该承担多大的责任？错误的原因是不可避免的，是一时的疏忽，还是责任心不强，甚至是明知故犯？

因此，你一定要管好自己的口，要牢记一句话：“没有调查就没有发言权。”见到问题时，先别忙着发怒和批评人，而是去了解情况。

这样一来，主动权就操纵在你的手里，你想在什么时候、采取什么方式对他进行批评，完全由你决定。

善于发现不为人知的优点进行准确赞美

就算再差劲的人，也会有一两处值得赞美的优点。例如一个人或许没有什么优点，但玩台球的技术却很高明，或者酒量非常好，这些都可以加以利用。

虽然有的人很在意自己的这些小优点，也有的人根本就不在意，但无论如何，别人赞美他，一定会使他感到高兴的。

事实上，有时锦上添花式的赞美，引不起对方太大的喜悦。例如对一位已被公认是很漂亮的女孩子说“你真漂亮”，由于她平时已被夸赞惯了，所以很难让她觉得兴奋。相反，若能找出对方较不易为人所知的优点，则往往可以使对方感到意外的喜悦，甚至带来意想不到的结果。

有一家商店生意非常兴隆，原因就在于他们店里的每一位店员都不断地与购物的人聊天。他们除了会向客人打招呼之外，还不断地找客人的优点来夸赞。例如他们会向一位太太表示，“你这件洋装很漂亮”，然后向另一位太太表示，“你的发型很好看”。他们虽然不断地赞美别人，但却是按每一个客人的个性，选择适当的赞美词。

因此很自然地，这些客人在潜意识中，就会产生到这家商店购物就可以受到赞美的心理，而越来越喜欢到这家商店。

如果我们每次见面都被人夸赞，自然而然地会想再见到这位赞美我们的人，这是任何人都会有的心理。因此，每次见面都找出对方的一个优点来赞美，可以很快地拉近彼此的距离，起到意想不到的效果呢！

附近一间小小的理发室有两个师傅负责设计发型，一个小学徒专门洗头。老实说，很多人都同情那个瘦小的学徒，看得出她很想学发型设计，但由于工作繁杂，加上两位师傅态度冷淡，她只能默默地在肥皂泡沫中消磨她可怜的青春。

有一天，机会来了。新年前的一个月，两个师傅要求加薪不遂，一起辞职，一时请不到人，老板除了亲自上阵外，还给小学徒进行“速成训练”，另外再请个小工负责洗头。

来理发的人把这一切看在眼里，一日，踏入店内，特地指定小学徒来吹饰头发，小学徒受宠若惊，拿着吹风机的手在微微发抖。卷吹梳弄一小时后，朝镜一望，哎呀，那发型硬邦邦的，好似戴了一顶不合时宜的帽子，小学徒侍立一旁，眼巴巴地望着来理发的人，来理发的人却露了个笑容，说：“梳得真不错呀，谢谢你！”

这个“善意的谎言”给这位少女带来了自信心。再去时，来理发的人依然指定由她吹饰，小学徒脸上有笑，双手不抖，卷弄梳理，极有韵致。照向镜子时，来理发的人不由得真心实意地说道：“你梳得实在很好哩！”

小学徒脸若鲜花，灿然生辉。

赞美如花香，芬芳而怡人，能以赞美之言予人者，必得人缘。所以，和人相处，最重要的就是赞美。基督教唱赞美诗，佛教唱炉香赞，说明神、佛也要人赞美，何况一般人呢。尤其当一个人灰心的时候，一句鼓励的话，能令他绝处逢生；当别人失望的时候，一句赞美的话，能使他重见光明。要想获得友谊，诚心地赞美别人，必定能如愿。

赞美有时也无须刻意修饰，只要源于生活，发自内心，真情流露，就会收到赞美之效。但要更好地发挥赞美的效果，也需要注意以下几个要点：

1. 实事求是，措辞恰当。当你准备赞美时，首先要掂量一下，这种赞美，对方听了是否相信，第三者听了是否不以为然，一旦出现异议，你有无足够的理由证明自己的赞美是有根据的。

一位老师赞美学生们：“你们都是好孩子，活泼、可爱、学习认真，做你们的老师，我很高兴。”这话很有分寸，使学生们既努力学习，又不会骄傲。但如果这位老师说：“你们都很聪明，将来会大有出息，比其他班的同学强多了。”效果就大不一样了。

2. 赞美要具体、深入、细致。抽象的东西往往不具体，难以给人留下深刻印象。如果称赞一个初次见面的人“你给我们的感觉真好”，那么这句话一点作用都没有，说完便过去了，不能给人留下任何印象。但是，倘若你称赞一个好推销员："小王这个人为人办事的原则和态度非常难得，无论给他多少货，只要他肯接，就绝对不用你费心。"那么，由于你挖掘了对方不太显眼的优点，给予赞扬，增加了对方的价值感，因此赞美起的作用会很大。

3. 热情洋溢。漫不经心地对对方说上一千句赞扬的话，等于白说。缺乏热情的空洞的称赞，不能使对方高兴，有时还可能由于你的敷衍而引起对方的反感和不满。

4. 赞美多用于鼓励。鼓励能让人树立起自信心。自信是成功的一半，用赞美来鼓励对方，能达到事半功倍的效果，尤其是在"第一次"。无论任何人干任何事情，都有第一次，即便对方第一次干得不好，你也应该真诚地赞美一番："第一次有这样的表现已经很不容易了！"别人会因为你的赞美而树立信心，下次自然会做得更好。

5. 借用第三者的口吻赞美他人。赞美随时随地都能听见，面对面或直接地赞美对方，总有点恭维奉承之嫌。若换个角度，换种说法，也许就好多了。

以第三者的口吻来赞美对方，说："难怪张总一直说你很不错，今日一见……"可想而知，对方一定很高兴。因此，当面赞扬一个人，有时会令人感到虚假，怀疑你是否出于真心，而间接地在背后赞美对方，会使对方感到你对他的赞扬是真诚的。

6. 赞美要注意适度。过度地赞美，空洞地奉承，都会令对方感到难以接受，甚至感到肉麻、讨厌，结果适得其反。只有适度地赞美才会令对方感到欣慰。适度因人、因时、因事、因地而异，需要不断摸索积累，逐步掌握。

“谢谢”是能赢得对方好感的词语

在任何一部汉语词典里，很少有词语一讲出就能立刻赢得一个人的好感，起到化敌为友、抚平自私心理、提高自尊心的作用。然而，“谢谢”这个词却有这个魔力。但“谢谢”却常常被人轻视，或因太简单而忽略，以致许多人因此而与好人缘失之交臂。我们常常听到这种抱怨，“我并不介意做这些事，只要他每次能说声‘谢谢’”，甚至说，“我为她做了那么多，她连声‘谢谢’都不会说”。

说声“谢谢”本是世界上最容易也是最为可靠的办法，如果你想成功地开展工作和取得别人合作的话，更不用说赢得友谊和影响人们了。

那么，在交际中，怎样说谢谢呢？表达谢意可以用很多方式说出来。然而，无论被怎样打扮，譬如用鲜花、午餐回报，或者其他方式，这个词，或它的一种变化，一定要说出来或写下来。以下是一些传播这个不起眼但绝对重要的信息的方法：

1. 说出“谢谢”。告诉他，他为你做的对你来说是很重要的，以及在哪一方面帮助了你：“我真的非常感谢你对我在学习上的帮助。”

2. 给予赞扬。让他知道你认为他为你做的事是很特别并值得珍藏的：“谢谢你的咖啡，我想我会记你一辈子。”

3. 予以回报。告诉他你感谢他为你做的，并准备回报这个好心人：“我很感激你能在开顾问会议时回我的电话，以后只要有用得上我的地方，请随时找我。”

4. 写个便条表示谢意。说声“谢谢”是很有作用的，但写下来会更胜一筹。不妨亲笔写一个便条表达你的谢意。

5. 电话致谢。“我打这个电话就是为了感谢你……”

6. 送份礼物。送份礼物并附上一张便条。只要你送的礼物能够非常适当地表达出你的感谢，送什么并不重要。一个老板请他的秘书去看了场一流水准的高尔夫球赛。为了投桃报李，她买了一个独特的礼物——一个高尔夫球棒的微缩模型，然后写了个感谢的便条放在礼品盒里一并送给了他，老板收到后深感欣慰。

7. 传达谢意。告诉别人你有多感谢他为你所做的一切，最后这话一定会传到给予你帮助者的耳朵里去："王敏这人真好，她帮我安排了那次会议。要是没有她的帮忙，我真不知该怎么办好。"当你的谢意通过别人的嘴传到她的耳朵里时，定会增色不少。

8. 提供帮助。与他们在一起，主动提出为他们的工作助一臂之力。比如帮助写个长篇报道："我来帮你干这事儿。甭客气，你帮我的次数可太多了。"

9. 请客吃饭。邀请你要感谢的人去吃午餐或晚餐，一定要表明你这是为了感谢他的帮忙。如果你邀请的是已婚者，应当把他的配偶一并邀请去。

10. 报答捐款。如果一个环境学家曾用心地指导过你的一篇论文，不妨为他心爱的环保事业捐一笔款，这也许是对他最好的感谢，但也别忘了说"谢谢"。你可以打个电话或写个便条去感谢他，并告诉他你所做的。他一定会为你所做和自己曾经所做的事感到高兴。

别让说话中的缺陷和坏习惯影响沟通效果

如果一个人的脸上长有疤痕，可以从镜中窥见，可以使用化妆品或药品加以治疗弥补。同样，谈吐方面的缺陷也可以改变，关键是在治疗之前，自己要能够清醒地认识到自己的这些缺陷。如果不清楚自己说话的缺陷，也可以试着拿一面镜子对照自己说话的姿态：是否手势过多，是否翘起嘴角，是否表情难看，是否过于冷漠、紧张、僵硬，是否强抑声调……

以下几点是我们说话中常有的缺陷，我们可以对照检查，并加以改正：

1. 说话用鼻音

用鼻音说话是一种常见且影响极坏的缺点，当你使用鼻腔说话时，就会发出鼻音。如果你用大拇指和食指捏住鼻子，你所发出的声音就是一种鼻音。如果你说话时嘴巴张得不够，声音也会从鼻腔而出。在电影里，鼻音是一种表演技巧，如果演员扮演的是一种喜欢抱怨、脾气不好的角色，他们往往爱用鼻音说话。鼻音对于女人的伤害比对男人更大，你不可能见到一位不断发出鼻音，却显得迷人的女子。如果你期望自己在他人面前具有极大的说服力，或者令人心荡神移，那么你最好不要使用鼻音，而应使用胸腔发音。正确的方法是，说话时上下齿之间最好保持半寸的距离。

2. 声音过尖

一个人受到惊吓或大发脾气时，往往会提高嗓门，发出刺耳的尖叫。一般女性犯此错误居多，要多加注意。因为尖锐的声音比沉重的鼻音更加难听。你可以用镜子检查自己有无这一缺点：脖子是否感到紧张？血管和肌肉是否像绳索一样凸出？下颚附近的肌肉是否看起来明显紧张？如果出现上述情形，你可能会发出刺耳的尖声。这时你就要尽快让自己放松下来，同时压低自己的嗓门。

3. 说话忽快忽慢

一般来讲，说话的速度很难掌握，即使是一些职业演说家或政治家，有时也不容易把握好自己说话的速度。说话太快，别人就听不懂你在说些什么，而且听得喘不过气来。说话太慢，人们就会根本不听你说，因为他们缺乏一种耐心。据专家研究，适当的说话速度为每分钟 120 ～ 160 个字，当我们朗读时，其速度要比说话快。而且说话的速度不宜固定，你的思想、情绪和说话的内容会影响你表达的快慢。说话中把握适度的停顿和速度变化，会给你的讲话增添丰富的效果。

为了测量自己说话的速度，你可以按照正常说话的速度念上一段演讲词，然后用秒表测出自己朗读的时间。如果你说话的速度每分钟不到上面那个标准，就可以试着调整说话速度，看是否会收到良好的效果。

4. 口头禅过多

日常生活中，人们听到这样的口头禅，如“那个”“你知道不”“是不是”“对不对”“嗯”等。如果一个人在说话中反复不断地使用这些词语，一定会损害自己的形象。口头禅的种类繁多，即使是一些伟大的政治家在电视访谈中也会出现这种毛病。

当然，谈话中“啊”“呃”等声音过多，也是一种口头禅的表现，著名演说家奥利佛。霍姆斯说：“切勿在谈话中散布那些可怕的‘呃’音。”如果你有录音机，不妨将自己打电话时的声音录下来，听听自己是否有这一毛病。一旦弄清了自己的毛病，那么以后在与人讲话的过程中就要时时提醒自己注意这一点。

下面介绍几种克服口头禅的方法以供参考：

默讲。出现口头禅的原因之一，是对所讲的内容不熟悉，讲了上句，忘了下句，此时就要用口头禅来获得一点思考的时间，以便想起下句话。事前默讲几遍，对内容、措辞十分熟悉，正式讲话时就能减少或不出现口头禅了。

朗读。克服口头禅的朗读法，就是将自己的口语，从不清楚变为清楚、流利的语言。如果内部语言流畅贯通，就不会出现口头禅。出声朗读老舍、叶圣陶等语言大师的作品，有助于用规范的语言来改善自己的语言。

耳听。广播员、演员的语言一般都较为规范，没有口头禅。平时听广播、看电影时，可一边听一边轻声跟着说。久而久之，你会惊喜地发现：自己的口语精练了，口头禅少了，连普通话水平也提高了。

练习。听听自己的讲话录音，会对自己讲话中的口头禅深恶痛绝。这样，往往能使自己讲话时十分警惕，口头禅也会随之变少。

慢语。在一段时间内，尽量讲慢些，养成从容不迫地思维和说话的习惯，一句句想，一句句说，对克服口头禅有很好的效果。

5. 讲粗话

讲粗话是恶习。俗话说，习惯成自然。随便什么事情，只要成了习惯，就会自然地发生。讲粗话也是如此，一个人一旦养成了讲粗话的习惯，往往是出口不雅，自己还意识不到。

讲粗话是一种坏习惯，是极不文明的表现，但要克服这种习惯也并不是一件易事。比较有效的办法是，找出自己出现频率最高的粗话，集中力量首先改掉它。

首先是改变讲话频率，每句话末停顿一下；其次讲话前提醒自己，改变原有的条件反射。出现频率最高的粗话改掉了，克服其他粗话也就不难了。

请别人督促也很重要。当然，这里的“别人”最好是了解自己的人，这样督促起来可以直截了当。

由于有时自己讲了粗话还不知道，请别人督促就能起到提醒、检查的作用。督促还有另一层心理意义，那就是造成一种不利于原有条件反射自然发生的外界环境，以促进旧习惯的终止。

6. 动静过多

动静过多，意即说话时动作过于频繁。可以检查一下自己，是否在说话时不断出现以下动作：坐立不安、蹙眉、扬眉、歪嘴、拉耳朵、摸下巴、搔头皮、转动铅笔、拉领带、弄指头、抖腿等。这都是一些影响你说话效果的不良因素。当你说话时，动作过于频繁，听者就会被你的这些动作所吸引，根本不可能认真听你讲话。

不良的说话习惯会损害你的形象，影响说话的效果，妨害人际关系，为自己的人生带来很多不利的影响。因此在平时就要注意自己的一言一行，检查和纠正自己说话的缺陷和毛病，把话说得完美动听，天衣无缝。

人非圣贤，孰能无过，以正确的态度纠正别人的错误

常言道："人非圣贤，孰能无过？"人都免不了会犯这样那样的错误，且人们犯了错误都很难及时醒悟，甚至不愿承认。这样，就有必要有人对他人的错误及时给予纠正，而纠正他人的错误又是一种得罪人的事。

小黄刚到公司上班的第一天，晚上加完班，老板提出，为了犒劳大家，请大家去唱卡拉 OK，小黄和部门同事兴高采烈地接受了邀请。进了包房，小黄很自然地在离自己最近的一个沙发坐下。老板进来后，发现沙发已经被坐满了，就顺势坐在小黄身边的一把椅子上。

过了半个小时，老板离开了。小黄万万没想到，老板一走，其乐融融的气氛大变，室温仿佛骤然下降了十几摄氏度。一个男同事语气激动地指责小黄："你这人怎么这么没眼色？老板坐在你旁边，都不知道让个座？真是太不懂事了！"

长到 23 岁，小黄从没被人这么大声训斥过，尤其是还当着全体同事及 KTV 服务生的面。她的脸一下子红到了脖子根，委屈的眼泪也忍不住在眼眶里打转转，心中不禁无限懊恼："啊，自己怎么就缺根筋呢？老板以后会怎么看自己？"

这位男同事的初衷可能是想教小黄在职场上如何做人，但说话方式不太恰当，不仅让小黄尴尬，也破坏了当时的气氛。其实，如果早先他主动给老板让座，别人看在眼里，自然能心领神会，效果不是更好？

并不是每个人都乐意倾听他人的批评，接受他人的批评的。有的人做错了事，不但不会坦然地承认，反而还会找出种种理由为自己的错误辩护。从人的心理来看，即使是极小的疏忽或错误，也不可能每个人都能在一经指正之后就坦率地、

不做解释地承认。但是，现实生活中，无论父子、兄弟、上下级、同事，还是知己、朋友，绝对不批评别人是不可能的，也是行不通的。

那么，在纠正他人的错误时应该采取什么样的易于为对方所接受的说话方式呢？以下方法可供参考：

1. 对人要具有极大的同情心，这样我们就不仅不会对人吹毛求疵，反而会对其产生错误的原因加以谅解。而且，我们要时刻想着自己与对方是站在一边的，而不是和他敌对的。

2. 说话要温和委婉，不可用刺激的或使人听了不舒服的字眼。如果说话会令人无法忍受，那么即使对方嘴上承认，心里也是不会服气的。

3. 纠正他人的错误的言语越少越好，最好能一两句就使对方明白，然后转至其他话题，不可啰唆不绝，使对方陷于窘境，甚至产生反感。

4. 别人做错了事情，我们对其不妥之处固然须加以指出，但对其可取之处更须加以极大地赞扬。这能使对方保持心理平衡，心悦诚服。

5. 改变他人的意见时，最好能设法将自己的意见不知不觉地移植给他，使他觉得是他自己改正了，而不是由于受了我们的批评。

6. 对于别人出现的不可挽回的过失，我们应该站在朋友的立场上，给予恳切正确的指正，使他知过而改，而不能对之施以严厉的责问。

7. 纠正别人过错时，切忌采用命令的口吻，最好采用请教式的语气。

8. 旁敲侧击，隐晦地指出别人的错误，以保护对方的自尊心，使他自觉地改正过失。

当然，纠正错误的方法是多种多样的，但都不外乎是讲究策略，只要我们做到了这一点，就能成功。

超级聊天术：魅力说话的六大艺术

有些人说话虽然在内容上不占优势，但他的说话方式却会给人一种非常迷人、令人舒服的感觉。毕竟说话者有其本性，每一次对话都会因为说话技巧的不同而有各种不同的回响、反应。那么，使对方愿意听我们说话并把他步步引入对话的绝佳境地有什么技巧呢？

1. 风格明快

生活中大多数人不喜欢晦暗的事物，即使草木也需要阳光才能生长。同样，给人阴沉感的谈话，会让人有疑虑感、厌恶感及压迫感。反之，说话简洁明快，则容易让人接受。

2. 声音独特

有的人说话的声音给人一种享受，因为他的嗓音实在是很动人。他们谈话时，非常注意说话的声音，而选择说话的声音，完全依靠他们的天赋、个性及所要表达的情感而变化。有条件的话，你可自我充当对象，把自己的话录下来再仔细地听，你可能会吃惊地发现，自己说话竟有那么多毛病。这样经常检查，发音的技巧就会不断提高。

3. 注意表达方式

每个人都有自尊心，很容易因为某些微不足道的事就感到自尊心受损。如此一来，你要在谈话中稍不注意说话的方式方法，对方就会立即反射性地表现出拒绝的态度。所以，要想让对方听你说话，首先得倾听对方要表达些什么。之后，采取正确的说话方式表达你的意见，要照顾对方容易受伤害的感受。

4. 语调自然

自然的声音总是悦耳的，在交谈中我们应该注意，交谈不是演话剧，无论你是什么样的语调，都应自然流畅，做作的声音只能事与愿违。当你交谈的对象不是一个人，而是许多人时，应采用以下的技巧：当前一个人声音很大时，你开始说话时就可以压低声音，做到低、小、稳；当前一个人音量较小时，你的开始句就要略提高嗓门，清脆响亮，以引起大家的注意。

5. 习惯用法

人类生存在当今的语言环境中，对于语言拥有自己的运用标准，一旦不符合标准，就会产生不协调的感觉，其中包括语气与措辞。在人际关系中，确实有必要根据实际情况或对方是谁而分别使用适当的语言。如果不分亲疏远近，一律以和同事谈话时的措辞来谈，那么对方将不会老老实实地听我们说话。

“太好了！”“好棒哟！”“真可怕！”这些都是一般女孩子说话时常会冒出来的感叹词。当然，这也是一种感情洋溢的表现。一句话若没有抑扬顿挫，则流于平淡，引不起对方的兴趣，若能添一些感叹词，则能融洽彼此谈话的气氛，但要适可而止，过多的感叹词，亦会抹杀言词的重要性，使对方不能分辨你的意思。

6. 思路清晰

当之前的谈话争论不休，而且没有头绪时，你站出来讲话，就要力求语句简短，声音果断，有条理。

第十四章

说话不怯场，和谁都能聊得尽兴

良好的形象是成功交谈，和谐人际关系的良好开端

良好的形象是成功交谈、和谐人际关系的良好开端。因此在与人的初次交谈过程中，要注意保持良好的形象。

现代社会是一个注重仪容的文明社会，人们可以从一个人的穿着打扮，看出他的审美水平、文化修养以及综合素质。整洁大方的形象，不仅能展示一个人的个性魅力，更能体现他对别人的礼貌。

一个人在人际交往中，形象就是一张活生生的“名片”。它往往是先于语言而给人一个鲜明的印象，对语言交际的顺利开展和优化效果起着不可估量的作用。

生活中常有这样的情形：一个形象很好的人，即使他没主动同别人打招呼和交谈，周围也有不少人对他产生好感，愿意亲近他，同他攀谈、交际。这样，他的语言交际自然就有了良好的前提，未开口便有了成功的基础。

形象是一个人自我形象的外部表现，包括面容、服饰、风度和举止等方面，是一种能传递信息的态势语。

无论你是在外交场合，在公关场合，在求职的口试场合，还是在谈恋爱的初次约会场合，都应该非常重视形象美。人的形象主要包括身材、长相、容貌、服饰等方面。这里需要说明的是，形象实际由两方面的因素组成。

一是先天的，或者自然形成无法改变的，如长相、身材。

二是后天的，通过修饰、打扮等可以加以改变和优化的，如通过美化容貌和讲究服饰等。

服饰打扮具有明显的信息暗示功能，服饰的颜色、式样、档次和搭配，均可

以显示一个人的性格爱好、文化修养、生活和风俗习惯。有研究表明，讲究衣着打扮的人自尊心和工作责任心较强，而穿着过于随便者多半不拘小节。在初次交往中，讲究衣着打扮的人能给人留下比较深刻的印象。

具体说来，穿着打扮既要自然得体，协调大方，又要遵守某种约定俗成的规范或原则。服装不但要与自己的具体条件相适应，还必须时刻注意客观环境、场合对人的着装要求，即着装打扮要优先考虑时间、地点和目的三大要素，努力使穿着打扮的各方面与时间、地点、目的保持协调一致。

此外，形象还包括气质。气质是指人相对稳定的个性特点、风格和气度，是人的心理行为所表现出来的动作特征，是一个人仪表的总和。通俗地说，人所具有的气质，就是平常人们所说的脾气或秉性。

培养气质首先要坚信自身气质是可以培养造就的。其次要充分地认识自我气质的类型，深刻地分析自我气质的特性，发展积极的品质，限制消极的品质，扬长避短，择优互补，以完善和优化自身的气质。气质的培养还需要在文雅情趣的建立、文明举止的培养，特别是文化素养的提高上狠下功夫。实践说明，一个人的文化素养越高，就越容易观察并吸收各类气质的长处，来丰富和美化自我。这样，就会在他身上集中显现出各种气质的优点，从而使仪表特征更为突出，更为丰满。

自强自信帮你克服沟通中的说话恐惧症

在我们的生活中，可能有这样两种人。第一种较为普遍，每当在众人面前讲话、发言时，他们总是面红耳赤，心惊胆战；第二种也为数不少，他们总是喜欢嘲笑不会说话的人，当一个善良、纯真的人出现在大家面前，因为太过紧张以致口齿不清或逻辑颠倒时，他们就不遗余力地嘲笑、讥讽他，让他无地自容。由于有这两种人的存在，所以社会上出现了大量的恐惧说话者。而患上这种说话恐惧症的人怎样才能摆脱这种令人懊恼的困境呢？答案只有一个，那就是：鼓足勇气，面对挑战。

一个人说话能否成功，与他是否具有说话的胆量关系重大。如果我们纵向、横观古今中外，就会发现，世界史上的善辩家，有很多都是在最初被认为是说话笨拙的人，像林肯、田中角荣等世界著名的演说家的第一次演讲都是失败的，那么，他们为何会在如此差的基础上获得如此令人惊奇、注目的成功呢？除了艰苦勤奋、坚持不懈地努力练习之外，恐怕勇敢面对现实，大胆面对挑战，不能不说是一条他们成功的主要原因。

出生于雅典的狄里斯可谓是典型的一例了。狄里斯在西欧被称为“历史性的雄辩家”。据说，他天生声音低沉，且呼吸短促，口齿不清，旁人经常听不到他在说些什么。

当时，在狄里斯的祖国雅典，有很严重的政治纠纷，因此，能言善辩的人便格外受重视，引人注意。尽管狄里斯是一个知识非常渊博、思想十分深邃的人，擅长分析事理，能预见时代潮流和历史发展趋势，但是，他认为，自己缺乏说话的技巧，是容易被时代所淘汰的。于是他做了一番周密细致的思考，准备好了精彩的演讲内容，第一次走上了演讲台。不幸的是，他遭到了可怕的失败，原因就在于他低沉的声音、肺活动量不足和口齿不清以致听者无法听清楚他所言何事。

但是狄里斯并不灰心，他反而比过去更努力训练自己的说话胆量。他每天跑到海边去对浪花拍击的岩石放声呐喊；回到家中，又对着镜子观察自己说话的嘴形，做发声练习，一直坚持不辍。狄里斯如此努力了好几年，终于功夫不负有心人，再度走上台演说时，博得了热烈的喝彩与激烈的掌声，并一举成名，闻名遐迩。

有人曾问英国著名文学家萧伯纳："你是怎样学会那么精彩的演讲的？"他回答说："就跟我学溜冰的方法一样，就是出丑也在所不惜，直到我娴熟为止。"年轻的时候，萧伯纳也曾是个害羞的人，他常常在想去拜访的人家屋前来来回回走上20分钟，始终不敢上前去叩门。对此他曾有感而发："大多数受苦最深的常是那种简单的懦弱，或者对它深以为耻的难过。"

后来，萧伯纳终于找到了克服羞怯的最万无一失的办法。他下定决心要化弱点为长处，鼓足勇气，面对挑战，他拿出超人的勇气，参加了辩论社团，伦敦只要有公开讨论的辩论会，他是逢会必到，而且一定要参加发言，据理力争。萧伯纳的努力终于得到了回报，他一举而成为当时最出色的演说家之一。

如果说狄里斯、萧伯纳的事例还不够典型的话，那么，长期任菲律宾外交部长的罗慕洛的一次成功演说则更能说明说话自信心的无比重要。

1945年，联合国创立会议在旧金山举行。罗慕洛作为一个当时还未独立的国家的代表团团长和个子十分矮小的人，自然显得是无足轻重，他被应邀发表演说，讲台和他差不多高，但罗慕洛没有胆怯而是镇定自若，等到大家静下来，他鼓足勇气大胆地说了一句："我们就把这个会场当作最后的战场吧。"全场顿时寂然，接着爆发出一阵掌声，罗慕洛出口不凡，引起轰动，他便放弃了预先准备的演讲稿，畅所欲言，思如泉涌，取得了巨大的成功，令在场的无数外国高手刮目相看。后来，他的一些精辟的言辞还被报纸登载出来。

我们完全可以设想，倘若罗慕洛当时因自己无足轻重、不惹人注目而有所胆怯，就可能失去这次充分展示自己才华的机会。

做自己该做的事，说自己该说的话，不必在乎别人的看法

我们身边总有一些人，没开口就怕人家笑，就是与熟人在一起也闭口无言。结果是有意见不敢说，事事无成。为什么我们会变成这样的人呢？

可能是因为我们从小缺乏集体生活，孤独惯了，对人太不了解。也可能是因为某几次的谈话失败了，为了避免谈话的失败，于是索性就不再开口。也可能是你怕羞，你怕人们听了笑话你，或是在心里笑你，所以认为不说为佳。

还有，在你的生活圈子里，工作单位中，有这么一些人，总在你身上找出他认为可笑的地方，来取笑你。你错，他固然要笑；你对，他也仍然要笑。无论你说得好，说得坏，总之，他就好像有天生的特权来取笑你似的。这种人到处都要用压低别人的方法来抬高自己，随时都以打击别人的自尊心，摧毁别人的自信心为乐为荣。有这么一些人存在，他不但是你口才不好的主要原因，恐怕他还会带给你其他方面的苦恼。如果你怕羞，胆怯自卑，优柔寡断，那你的口才还会更糟。

如果你是比较普通的怕羞不敢开口的人，这里可告诉你一个简单而又有效的方法。首先你要好好地回忆一下，把以前被人笑过的事实追忆出来：

在你几岁的时候？在什么人面前？是为什么事情？受了什么刺激？

现在我们只要把以前取笑你的，或是使人笑你的那句话，在回忆中找出来，让我们认识清楚恐惧的来源，挖出自己恐惧的根，我们就不觉得害怕了。

其次，也要把你现实生活中的遭遇，特别是有关口才之类的事，想一想，对自己多问一问：

你不是怕别人笑你吗？你为什么怕人笑你呢？一定有人笑过你，你才会怕人

笑，如果你从小到大从来没有被人取笑过，你怎么会怕呢？

你自己还可以分析一下：

不是有一个人取笑过你吗？那么，这就是说，并不是每一个人都取笑你。不是你曾经说了某一句话，别人才取笑你的吗？这就是说，并不是你每说一句话，别人都取笑你。如果是你说的话可笑，可笑的只是那句话，那么，别人笑的只是你的那句话，不是笑你。如果别人说了那句话，你听了也会笑的，你难道就没有笑过别人吗？谁都笑过别人，谁也被别人笑过，这是很平常的事。自然，你必须弄明白，为什么那句话可笑？

还有，如果那个笑你的人是一个喜欢取笑别人的人，那么，多半错不在你身上。因为，这个人不只取笑过你，还取笑过别的人。你只要避免在这个人的面前说话就可以了，不必对所有的人都加以戒备。

因此，我们一方面不要因怕别人取笑，就什么话都不敢说；另一方面，千万要警惕自己不要沾染恶习，随便地去取笑别人。

人与人之间应该互相尊重、互相同情、互相帮助，不应互相轻视、互相讥笑、互相欺侮。如果你轻视别人，自然也会被别人轻视。

遇见那些因为怕羞而沉默寡言的人，应当体贴他们、尊敬他们、鼓励他们、同情他们，使他们大胆地说话，自由地说话。不要因为他们不说话，就以为他们什么都不懂，其实，他们心里储藏着许多宝贵的意见，也隐藏着许多急于要问人的疑难呢。